초보자를 위한
공구 사용법부터
가구 제작까지

목공 DIY

주식회사 **주택문화사**

이 책은 저작권법에 의하여 보호를 받는 저작물이므로 무단전재와 복제를 금합니다.
파본 및 잘못된 책은 바꾸어 드립니다.

개정판 1쇄 발행   2019년 2월 13일
개정판 4쇄 발행   2022년 3월 31일

발행인	이 심
편집인	임병기
책임편집	이세정
편집	김연정
사진	변종석
디자인	크리페페 컴퍼니
마케팅	서병찬
총판	장성진
관리	이미경
인쇄	북스
용지	영은페이퍼㈜

발행처	㈜주택문화사
출판등록번호	제13-177호
주소	서울시 강서구 강서로 466 우리벤처타운 6층
전화	02.2664.7114
팩스	02.2662.0847
홈페이지	www.uujj.co.kr

정가	18,000원
ISBN	978-89-6603-045-3

이 도서의 국립중앙도서관 출판예정도서목록(CIP)은
서지정보유통지원시스템 홈페이지(http://seoji.nl.go.kr)와
국가자료공동목록시스템(http://www.nl.go.kr/kolisnet)에서
이용하실 수 있습니다. (CIP제어번호 : CIP2019003516)

초보자를 위한
공구 사용법부터 가구 제작까지

목공 DIY

주식회사 **주택문화사**

CONTENTS

009

PART 01
기초부터 탄탄히
배우는 목공 DIY

주로 쓰이는 공구 알아보기	010
가구를 만드는 나무의 종류	014
공구의 기본적인 이해	016
• 수공구(측정공구/절삭공구/마킹공구)	
• 전동공구(전동드릴/지그소/샌딩기/트리머)	
상자 만들기	026
CD 수납장 만들기	027
좌탁 만들기	028
테이블을 만드는 여러 가지 방법	029
경첩의 다양한 종류	030
싱크대 경첩 부착하기	031
철 레일 부착하기	032
슬라이딩 레일 부착하기	033
십자박기로 선반 부착하기	034

037

PART 02
도면과 함께 수록된 가구제작 전 과정 30선

2-1 아이방 가구
01 아기용품 수납장	038
02 빈티지 칠판	044
03 장난감 상자	048
04 아기 침대	054
05 유아용 흔들의자	060
06 벽걸이 에어컨 박스	064

2-2 침실 가구
07 미니 사이드 테이블	072
08 갤러리 파티션	076
09 싱글 침대	080
10 갤러리 화장대	086
11 원형 앤틱 테이블	094
12 키 큰 콘솔	100

2-3 서재 가구
13 미니 원목 사다리	110
14 세로 책장	116
15 등받이 의자	120
16 책꽂이 책상	126
17 투톤 3단 서랍장	134
18 찻잔 전시 선반	140

2-4 거실 가구
19 원목 열쇠함	148
20 삼나무 화분대	154
21 사각 테이블	158
22 화이트 와인장	164
23 수납 찻상	170
24 오리엔탈 콘솔	176
25 클래식 와인셀러	182

CONTENTS

235

2-5 주방 가구

26 접시 선반	194
27 바퀴 달린 웨건	200
28 야채 철망장	210
29 전자레인지 수납장	218
30 아일랜드 식탁	226

PART 03
색다른 가구 페인팅 15가지 기법

페인팅에 대한 기초 상식	236
작업 전 알아둘 준비사항	238
원하는 색 만들기	239
필요한 도구와 그 용도	240

나뭇결을 살리는 내추럴 페인팅	242
01 별도 마감이 필요 없는 젤스테인	242
02 작업 속도 빠른 앤틱왁스	243
03 하도제가 필요한 유성스테인	244

프로방스 스타일의 밀크페인팅	245
04 밀크페인트 + 밀크페인트	245
05 밀크페인트 + 글레이즈	247
06 아크릴페인트 + 젤스테인	249
07 파우더 밀크페인트	250

263

색다른 질감을 선사하는 기법들	252
08 벨벳 느낌의 스웨이드 페인팅	252
09 오래된 청동가구 같은 동부식 페인팅	253
10 빈티지한 철부식 페인팅	255
11 갈라지는 스타일의 크랙 페인팅	257

도구를 사용하는 개성만점 페인팅	258
12 경쾌한 스프라이프 무늬	258
13 잔잔한 무늬를 만드는 드레깅 효과	259
14 따뜻한 느낌의 스폰지 페인팅	260
15 대리석 분위기의 마블라이징	261

PART 04
DIY 관련 부록

쉽게 따라하는 타일 붙이기	264
3분 만에 그림 있는 가구 만들기	266
나만의 작업실 꾸미기	268

공구 사용법부터 ←--→ 가구 제작까지

일러둘 사항

1. 실전파트의 소요시간에 대하여
　시간 측정은 필요한 자재가 모두 치수대로 재단이 되어 있는 상태에서 출발한다. 끝나는 시간은 페인트 마감까지 완전히 끝낸 시점까지 본다.

2. 나무못 생략에 대하여
　드릴로 구멍을 내고, 그 안으로 나사못을 박으면 목재 바깥으로 구멍이 드러나게 된다. 이 부분은 작은 나무못을 망치로 두드려 넣고, 겉면에 맞추어 톱질을 하면 깔끔하게 마감된다. 여기 도장을 하게 되면 티가 거의 나지 않는다. 본 실전파트의 가구 제작 과정에서는 중복사항이 많아, 대부분 나무못 작업을 생략한 채 진행되었다.

01 목공 DIY

Part 1

이론

주로 쓰이는 공구 알아보기
가구를 만드는 나무의 종류
공구의 기본적인 이해
상자 만들기
CD 수납장 만들기
좌탁 만들기
테이블을 만드는 여러 가지 방법
경첩의 다양한 종류
싱크대 경첩 부착하기
철 레일 부착하기
슬라이딩 레일 부착하기
십자박기로 선반 부착하기

주로 쓰이는 공구 알아보기-1

T자
책장 측판 등을 결합할 때 수평으로 금을 긋거나 표시할 때 사용한다.

삼각자
직각 또는 45° 각을 긋거나 표시할 때 사용한다.

고무망치
가구 제작 시 재료에 손상이 생기지 않도록 두드려서 결합할 때 사용한다. 크기가 다양하므로 용도에 맞는 것을 선택한다.

조각도
목재에 무늬를 새길 때 사용한다.

자유자
기존 제품에 각도를 똑같이 복사해서 표시할 수 있다.

컴퍼스
나무 막대를 조절해서 원을 그리거나 일정 간격으로 표시할 수 있다.

도웰포인트
나무못을 이용해서 결합할 때 정확한 위치를 표시하기 위해 사용한다.

샌드페이퍼
뒷면의 숫자로 거친 정도를 확인할 수 있다. 숫자가 클수록 곱고 부드러운 사포이다.

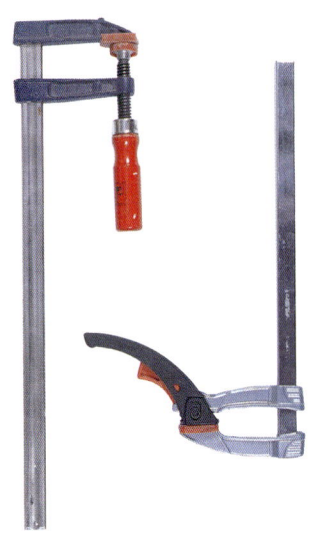

크램프
가구 제작 시 부분 가공이나 결합을 할 때 소재가 움직이지 않도록 단단하게 고정시키는 도구다.

줄자
판재의 길이를 재거나 곡선면 길이를 잴 때 사용한다.

대패
나무의 면이나 모서리 등을 가공하기 위해 사용하는 도구. 작업 시 끝선이 맞지 않거나 나무가 팽창을 해서 가구의 모양이 잡히지 않을 때도 보정 작업이 가능하다.

지그소
상하 운동을 하는 톱날의 힘으로 나무를 자르는 공구. 직선이나 곡선으로 나무를 자를 수 있고 바닥판에 각도를 주어서 판재를 각으로 자를 수 있다.

오비탈 샌더
샌드페이퍼(사포)를 탈부착할 수 있으며 진동을 이용해서 가구 표면이나 모서리를 갈아내는 공구이다. 다양한 굵기의 사포가 있어 기본 사포질에서 마감까지 작업할 수 있다.

전기드릴
드릴날을 부착해서 구멍을 뚫을 수 있고 드라이버 비트를 이용해서 나사를 결합한다.

주로 쓰이는 공구 알아보기-2

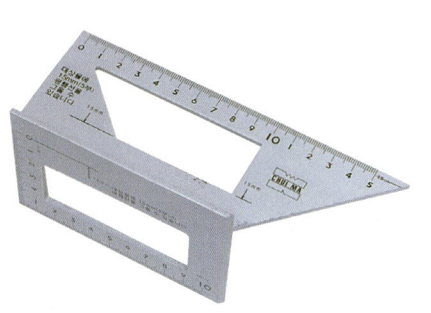

연귀자
꺾어진 두 면의 각도를 재거나 선을 표시할 때 쓰는 공구

먹줄
시작점과 끝점에 핀을 고정하고 툭 튕겨 선을 표시하는 공구

끌, 나사 박는 드라이버, 플러그톱
목재에 홈을 파거나 나무못을 자를 때 쓰는 수공구

망치, 펜치 못을 박거나 뺄 때 사용하는 공구
곡자, 철자 길이를 잴 때 사용하는 손공구

그므게
모서리로부터 일정한 간격에 선을 긋는 공구

DIY 전
안전복장 갖추기

귀마개
재단이나 라우터 작업, 트리머, 샌딩 작업 등 소음이 심한 상태에서 지속적인 작업으로 청력에 손상이 되는 것을 방지하기 위해 사용한다.

보안경
루터나 직소 작업 중 나무 조각이나 파편들이 눈에 들어오는 것을 방지하기 위해 착용한다.

안면 마스크
목공 작업 중 큰 파편이나 나무 조각으로부터 얼굴을 보호해 준다.

마스크
톱밥먼지나 미세먼지가 호흡기로 들어가는 것을 어느 정도 방지해주는 안전도구이다.

 전동공구 작업 시 장갑은? 흔히 보호장갑을 끼고 전동공구를 다뤄야 한다고 생각하기 쉽다. 그러나 장갑은 드릴이 회전하면서 자칫 공구 안으로 손을 빨려 들어가게 해 위험할 수 있다.

가구를 만드는
나무의 종류

원목

가구용 원목 원목을 제재하면 목조건축에 필요한 구조재와 가구재를 얻을 수 있다. 일반적으로 원목을 가구재로 사용할 경우에는 목재에 함유되어 있는 수분량, 즉 함수율이 중요하다. 가구재는 함수율 12% 이내로 잘 건조되어 있어야 한다.

건조 원목상태에서 건조과정을 거쳐야 가구 제작이 가능하다. 목재는 시간이 지나면 수축·팽창하고 건조되면서 뒤틀리거나 휘거나, 갈라지는 과정을 거친다. 이는 목재의 고유한 성질이므로 충분히 건조가 된 나무를 가구 소재로 삼아야 좋다. 단, 일단 변형이 생긴 이후에도 외부 조건에 의해 2차 변형이 생길 수 있다.

가공 건조가 된 나무를 가구용 소재로 가공하기 위해서 불필요한 부분은 잘라내고 수압대패와 자동대패 등을 이용해 다듬어줘야 한다. 주로 직각이 맞는 판재로 기본 가공을 한 상태에서 가구 제작에 들어간다. 이때 나무가 가지고 있는 고유의 무늬를 잘 살리고, 완성될 가구의 디자인을 고려해야 한다.

수종 가구재로 사용하는 소재 중 특수목으로 분류되는 나무는 월넛, 애쉬, 체리, 오크 등이다. 나무의 가격은 표면 상태와 원목에서 잘라낸 부위 등에 의해서 나뉜 등급에 따라 차이가 크다.

집성목

특징 원목을 일정한 크기로 자르고 서로 이어 붙여, 넓은 판재로 가공한 소재이다. 원목의 활용상 크기의 한계를 보완한 것으로 변형이 적고, 자유로운 디자인 제작이 가능하다. 두께 역시 일정해서 다른 원목 작업에 비해 매우 간편하게 가구를 만들 수 있다.

종류 집성목은 집성한 나무 소재에 따라서 이름이 붙여진다. 일반적으로 소나무집성목, 스프러스집성목, 레드파인집성목 등이 있고 특수목으로 집성한 소재로는 애쉬집성목, 엘더집성목, 월넛집성목, 시다집성목 등으로 국내에서도 구할 수 있다.

규격 일반적으로 집성목은 4×8 사이즈로 칭한다(여기서 기준은 자 단위다). 현재는 자나 인치 단위를 법적으로 사용할 수 없으므로, 기존의 4×8 사이즈는 (4×30.3)×(8×30.3)으로 가로 1,220mm, 세로 2,440mm의 판재로 바꿔 말해야 한다. 두께는 12, 15, 18, 24, 30mm로 다양하다. 이중에서 18mm가 가구용으로 가장 많이 사용된다.

장점 DIY 가구 제작에 많이 사용되는 소재로 원목의 장점을 살릴 수 있고 가공이 용이하다. 초보자부터 전문가까지 두루 사용가능한 목재다.

MDF

정의 'Medium Density Fiber board'의 약자로 중밀도 섬유 판재이다. 나무의 섬유조직을 분리해서 접착제를 밀어넣고 강한 압력으로 누르면 중밀도 판재가 만들어진다. 이러한 과정을 거쳐 밀도가 높아지면서 매우 무거워진다. 접착제에 포함된 포름알데히드 성분이 건강에 좋지 않은 영향을 끼칠 수 있어 최근 기피되고 있다.

장단점 인공으로 만든 재료인 만큼 다양한 두께로 제작된다. 또한, 표면의 결이 균일하고 매끄러워 아크릴 페인트로 칠하면 플라스틱과 같은 표면을 얻을 수 있다. 반면, 가장 큰 단점은 화학성분 접착이며, 결합 강도도 많이 떨어진다. 디자인을 잘못할 경우 판재가 휘는 현상이 발생하니 주의한다.

용도 인테리어 내장용으로 많이 사용된다. 주변 가구 중 유색도장(우레탄, 락카) 등 단색으로 칠이 된 가구는 대부분 MDF 소재라고 보면 된다. 표면이 매끄러운 장점을 이용해서 표면에 천연무늬목을 붙여서 원목 가구처럼 보이게 하는 제품도 흔하다. 천연무늬목은 나무를 얇게 박피를 해서 결을 살릴 수 있게 만든 것으로 '나무로 만든 도배지'라고 생각하면 쉽게 이해할 수 있다. 가구가 무겁다고 무조건 원목일 수는 없다.

PB

정의 '파티클 보드(Particle Board)'의 약자로 일종의 재활용 소재이다. 나무를 부수어 작은 알갱이로 만든 후, 접착제를 이용해 판재로 만든다. 표면에 나무무늬의 필름을 붙여서 완성한다.

적용 주변에서 흔히 볼 수 있는 가구 소재다. 가정집의 붙박이장이나 씽크대, 신발장 등으로 쓰이고 일반 식당에서는 식탁용 상판으로 주로 사용된다. 특히 PB는 작은 알갱이로 이루어져 다른 목재에 비해 가벼운 편이며, 표면에 붙은 필름 덕분에 물기에 닿아도 괜찮은 장점이 있다.

단점 필름이 붙어 있는 판의 넓은 면을 재단해서 잘려진 부분에 추가로 필름띠를 붙여야 한다. 필름띠를 붙이는 전문 기계가 있어야 하고 곡선 처리가 매우 까다로워서 수납장 위주의 가구에 적합하다.

기타 소재

합판 나무를 얇게 가공한 베니어를 나뭇결 직각 방향으로 여러 장 적층해서 만든다. 두께가 다양하고 휘는 힘에 강하다.

코어합판 합판 안쪽에 나무심재를 넣고 바깥쪽에 베니어를 붙여서 두꺼운 판재로 만든다.

공구의
기본적인 이해

수공구

목공용 수공구는 길이나 두께, 깊이 등의 치수를 재는 측정공구와 자르거나 파고 깎는 절삭공구, 그리고 원부자재에 작업을 위해 표시를 하는 마킹공구로 분류할 수 있다.

측정공구 사용법

줄자는 내측, 외측의 길이를 재거나 두께를 측정할 수 있고, 박스형 가구의 대각선 길이를 재서 틀이 직각인지 확인할 수 있다. 외측 길이를 재기 위해서는 측정 대상의 직선 부분을 기준으로 하고 줄자의 'ㄱ'자로 꺾인 부분을 끝까지 당겨서 길이를 잰다.

줄자를 이용해 내측 길이를 잴 때는 안쪽으로 줄자의 머리 'ㄱ'자 부분을 밀착시켜 재야 한다.

철자는 정확한 직선길이를 재거나, 재단을 위해 표시할 때 사용한다.

삼각자는 한쪽 면에서 수직선을 그리거나 45° 선을 표시할 수 있다.

T자는 판재에 면에서 수직으로 일정간격을 표시하거나 측정할 수 있고, 수직선을 그을 수 있다.

자유자는 자의 각도를 자유롭게 조정해서 원하는 부위의 각도를 재거나 한 판재에 고정한 후, 다른 부재에 같은 각도를 표시할 때 쓴다.

연귀자는 판재나 각재에 두 면을 직각이나 45°로 같은 길이를 재거나 선을 표시할 수 있다.

곡자는 직각으로 꺾여 있는 자로, 가구 결합이 직각으로 제대로 되어 있는지 확인할 수 있다.

목재 종류별 판매규격과 가격 비교표

재단 전, 자신이 사용하고 하는 목재 종류의 가로세로 규격을 잘 알아두면 목재의 자투리를 최소화해 경제적으로 만들 수 있다.

목재별 판매 규격 (단위:mm)

구분	가로	세로
MDF	1,220	2,440
PB	1,220	2,440
소나무집성목	9,152	300
스프러스집성목	1,220	2,440

목재별 가격 비교

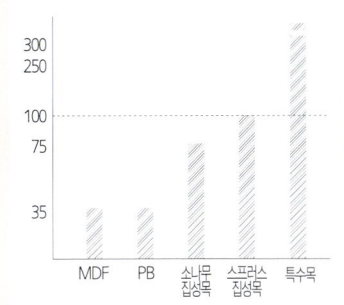

절삭공구 사용법

사포는 나무의 거친 부분을 갈아서 부드럽게 만드는 도구로, 뒷면에 쓰여져 있는 숫자가 사포의 거친 정도를 표시한다. 숫자가 높을수록 부드러운 사포이므로 사포 작업은 숫자가 낮은 쪽에서 높은 쪽으로 해야 한다.

끌은 소재에 홈을 팔 때 사용하는 도구로, 작업면에 적당한 크기의 폭으로 선택한다. 테이블을 만들 때 가장 흔하게 사용하는데, 다리와 프레임의 홈을 파서 끼우면 튼튼한 구조의 가구를 만들 수 있다.

대패는 판재의 면을 깎아내서 일정한 두께로 만들거나, 제품의 모서리를 깎는 데 사용한다.

조각도는 다양한 모양의 날이 있어서 소재 표면에 문양을 새겨 넣거나 세밀하게 모양을 낼 때 사용하는 도구이다.

마킹공구 사용법

그므게는 판재의 모서리에서 일정 간격으로 칼금을 긋는 도구다. 칼날을 원하는 간격에 고정시키면, 모서리에서부터 필요한 간격으로 평행선을 그을 수 있다.

먹줄은 먹통을 고정시킨 후 줄을 손가락으로 튕겨서 소재 표면에 직선을 표시하는 도구다. 실에 먹물을 먹인 후, 선을 긋고자 하는 시작점에 핀을 고정시키고 반대쪽 점에 줄을 팽팽히 당겼다 놓으면 목재에 먹선이 가게 된다. 줄자의 길이가 넘는 긴 선도 정확하게 그을 수 있다.

목공용 컴퍼스는 원하는 크기의 원을 칼날로 그어서 표시할 수 있는 도구이다. 합판 등 얇은 판재는 칼날로 오려낼 수도 있다.

도웰포인트는 도웰(목다보, 나무못) 작업을 할 때 목재 안쪽에 구멍의 정확한 위치를 표시할 수 있게 하는 보조도구이다. 먼저 한 쪽면에 구멍을 뚫어서 도웰포인트를 꽂고 반대쪽 소재를 누르면, 포인트의 핀이 반대편 판재에 구멍 위치를 표시해 준다.

공구 수명을 결정하는 바람직한 관리법

수공구
① 녹이 슬지 않게 보관하는 것이 관건이다.
② 항상 사용할 수 있는 상태로 날을 연마해 놓도록 한다.

전동공구
① 전기선이 내부에서 단선이 되는 경우를 대비해서 선 관리에 주의한다.
② 회전력을 이용하는 공구는 기어 부분의 윤활유 양이 적절한지 확인한다.
③ 작업이 끝나면 에어를 이용해서 먼지를 제거하고 보관하는 습관을 들인다.

에어공구
① 정기적으로 오일을 주입한다.
② 콤프레샤의 습기를 주기적으로 제거한다.

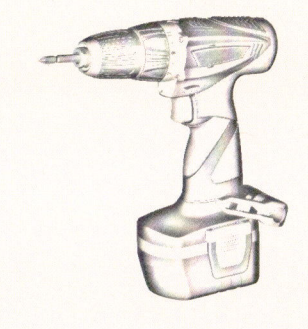

전동드릴과 그 사용법

목재에 구멍을 뚫고 나서 비트를 바꿔 나사못을 박는 작업을 동시에 하는 공구로, 전동드릴과 충전드릴로 나눌 수 있다.

나사못으로 바로 목재를 연결하면, 나사산이 날카롭기 때문에 목재가 갈라지게 되므로 드릴로 구멍부터 뚫고 결합한다.

콘크리트용 드릴 비트를 적용할 수 있는 드릴은 일반 벽에 구멍도 뚫을 수 있다.

이중드릴날 결합 1 드릴척을 이용해서 드릴을 날물이 들어 갈수 있을 정도로 미리 풀어 놓는다.

드릴날 고정 일반적인 드릴날은 드릴척을 돌려서 날물을 끝까지 집어넣고 고정을 시켜서 사용한다.

이중드릴날 결합 2 드릴 안쪽에 3개의 벌어진 홈 사이로 이중드릴날의 면 부분을 물리게 끼워 넣는다.

구멍 뚫기 소재의 중간에 구멍을 뚫을 때는 소재의 면과 드릴날이 직각이 되도록 구멍을 뚫는다.

이중드릴날 결합 3 드릴척을 꽉 조여서 튼튼하게 연결한다.

직각 구멍 뚫기 가구 제작 시 결합을 튼튼하게 하기 위해서는 소재를 직각으로 고정을 하고 드릴날을 수직으로 뚫어야 한다.

빗겨 뚫기 나무를 통과해서 결합하기 힘들 때에는 드릴을 비스듬히 해 구멍을 내어서 사용한다.

레일나사 결합 작은 나사를 결합하기 때문에 전동드릴의 힘이 강하면 나사가 헛돌게 되므로 충전드릴의 속도를 조절해서 나사가 헛돌지 않을 만큼 회전시켜서 고정한다.

나사 수직 결합 나사 결합 기본 연습과정으로 드릴을 이용해서 수직으로 구멍을 뚫고 나사를 십자비트를 부착한 전동드릴로 결합한다. 이때 2장의 나무 판재의 맞닿는 부분은 끝선이 정확하게 붙도록 조정한다.

철 레일 결합 나사의 머리가 레일의 결합용 구멍에 완전히 밀착되게 수직으로 결합한다. 머리가 삐뚤어져 있으면 반대쪽 레일에 걸려서 서랍이 제대로 작동하지 않을 수 있다.

수평 결합 드릴을 이용해 방향을 수평에 맞춰서 구멍을 뚫고 정확하게 결합한다.

경첩 결합 문짝과 수평이 되게 경첩을 정확히 맞추어서 결합해야 한다. 또한, 나사가 헛돌지 않게 속도를 조절해서 힘을 줘야 한다.

지그소와 그 사용법

지그소(Zig Saw)는 일반 톱이 하는 일을 기계가 대신해주는 전동톱이라 보면 된다. 목재뿐 아니라 철재, 아크릴도 절단할 수 있어, DIY 작업에 많이 쓰이는 공구다.

직선보다는 대개 곡선을 자를 때 사용되며 각도 조절 레버가 있어 경사가 있는 절단면도 가능하다.

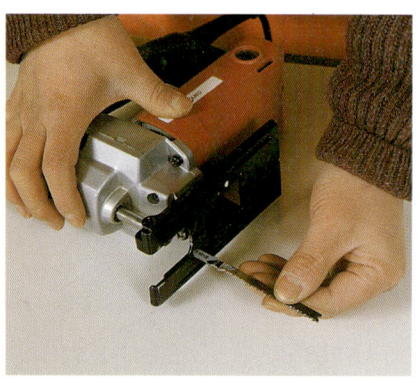

톱날 결합 1 지그소에 톱날을 결합할 경우 톱날의 머리 부분을 지그소의 결합 부분에 방향을 맞추어서 집어넣는다.

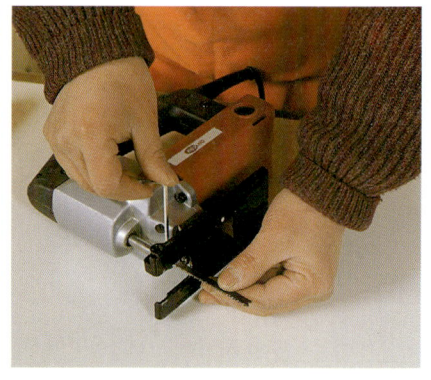

톱날 결합 2 밀착된 지그소날을 지그소 바닥에 붙어 있는 육각렌치를 이용해서 고정한다. 제조사에 따라 결합 방식이 다르므로 제품 사용설명서를 참고해야 한다.

지그소 연습 1 소재의 표면에 직선을 표시하고 선을 따라서 자르는 연습을 한다. 선을 자를 경우에는 미리 선의 안쪽, 가운데, 바깥쪽 중 어느 쪽으로 자를지 결정하여야 한다.

지그소 연습 2 완만한 곡선을 그려서 자르는 연습을 한다. 완만한 곡선에서 점점 복잡한 선을 그어서 잘라본다.

지그소 연습 3 도형을 그려서 내부를 오려내거나, 도형 외부선을 오려내는 연습을 한다. 내부를 오려낼 경우 드릴로 구멍을 뚫어 직소날이 들어갈 수 있도록 한다.

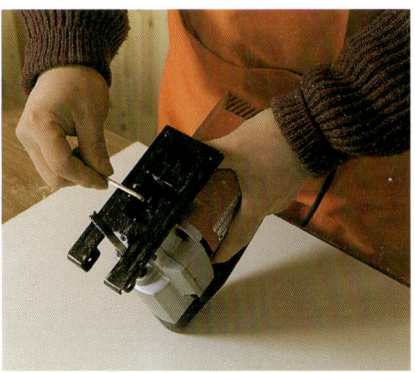

지그소로 경사 자르기 1 경사 각도로 판재를 자르려면 지그소 바닥면의 육각렌치 볼트를 풀어서 원하는 각도로 판을 기울여 단단히 고정한다.

전동드릴 vs 충전드릴

전동드릴은 충전드릴에 비해 회전력이 강하므로 연습을 통해 사용방법을 충분히 익히고, 실전에 들어가야 한다.

전동드릴에 사용하는 비트는 드릴 용량에 맞는 것을 사용하며, 드릴 제품의 용량보다 무리하게 작업하면 공구가 쉽게 손상될 수 있다. 오래 사용하면 드릴의 모터 부분에 열이 발생하게 되므로 일정 시간만 쓰고 드릴을 식힌 후에 재가동한다. 충전드릴은 회전속도를 자유롭게 조절할 수 있다. 작은 나사를 쓰거나 원하는 깊이로 박을 때는 회전력을 적당하게 조절해서 사용하면 된다.

국산공구 vs 수입공구

국산공구와 수입공구는 성능과 안전성, 편리성 등으로 구별할 수 있다.

수입공구는 제품 제작의 오랜 노하우를 바탕으로 여러 가지 장점들을 가지고 있지만, 최근 국산공구도 수입공구에 못지않게 개발되고 있는 상황이다.

공구의 선택에서 가장 중요한 것은 업자가 사용하기 편한 제품을 고르는 것. 특히 손잡이를 잡을 경우 안정성과 그립감을 우선으로 생각해야 한다. 수입제품은 일단 힘이 좋고 잔고장이 없지만 동양인이 손에 쥐기에는 다소 큰 감이 없지 않다. 반면, 국산제품은 견고함에서 약간 부족하지만 작고 단단한 느낌으로 작업이 쉬운 강점이 있다. 공구가 너무 무거우면 지속적인 작업을 하기 힘드니 자신의 여건을 잘 고려해서 선택한다.

지그소로 경사 자르기 2 바닥판의 기울기를 이용해서 소재의 면을 따라서 자르면 경사 각도로 나무를 자를 수 있다.

샌딩기와 그 사용법

샌딩은 가구 제작의 마지막 단계로 표면을 매끄럽게 하고, 미세한 오차를 조정하는 역할을 한다. 손으로 사포질을 할 수도 있겠지만, 큰 가구의 넓은 면은 아무래도 시간이 오래 걸리므로 전동 샌딩기를 사용한다. 제작 전 재단된 상태의 목재를 가볍게 샌딩하고 조립 후 모서리 부분, 페인팅 전 샌딩 작업한다.

이때 먼지가 많이 날리므로, 반드시 방진 마스크와 보안경을 착용한다.

사포 결합 일반 사포를 직사각형의 길이가 긴 변을 3등분해 자르면 사각 샌딩기에 적합한 사이즈가 된다. 찢은 사포를 샌딩기의 앞뒤 부분에 연결한다. 샌딩기도 제조사마다 결합 방법이 다르므로 사용설명서를 참고한다.

샌딩 작업 샌딩기를 이용해서 모서리나 면의 거친 부분을 부드럽게 연마할 수 있다.

Point

목재 두께에 따른 나사못 선택법

DIY 가구 제작 시 사용하는 나사는 목재 2장을 결합할 경우 나사가 통과하는 나무 두께의 2배 이상 되는 길이로 선택한다.

예를 들어 18mm 두께의 나무를 사용할 경우 나사는 최소 35mm 이상이 되야 한다. 다른 부위보다 튼튼하게 결합되고 힘을 받아야 하는 부분은 나무 소재의 3배 이상 되는 길이의 나사를 사용해야 한다.

트리머와 그 사용법

일정한 두께의 홈을 파거나, 모서리 끝에 모양을 낼 때 사용한다. 엔진이 강력해 안전사고의 위험이 크기 때문에, 홈을 한 번에 파지말고 깊이를 조절해 가며 여러 번 파는 것이 좋다. 트리머는 비트에 따라 여러 가지 모양을 낼 수 있다.

대개 박스 세트로 판매하는데, 전면에 가공면 모양이 드러나 있다.

트리머날 교체 1 트리머날 교체를 위해서 중간 결합 나사를 풀어 아랫 부분의 판을 분리한다.

트리머날 교체 2 트리머날을 고정하는 콜렉트 위쪽, 아래쪽 나사를 스패너를 이용해서 분리한다.

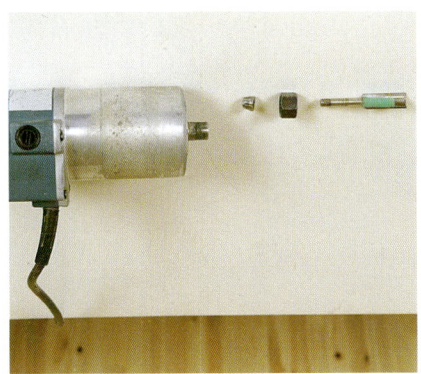

트리머날 교체 3 분리를 하면 볼트 안쪽에 트리머날을 물어서 고정하는 콜렉트가 나온다. 기존 트리머날을 빼고 필요한 트리머날을 선택해서 반대로 볼트를 조여서 고정한다.

트리머 작업 트리머 가공이 필요한 부분을 고정하고, 트리머가 회전하는 상태에서 가공물에 밀착시켜 가공한다.

실전으로
탄탄한 기초 배우기

상자 만들기

❶ 상자의 앞판과 우측판을 직각으로 두고 나사로 결합한다. 3mm 드릴날이 부착된 이중드릴을 이용해서 나사의 몸통과 머리가 들어갈 수 있게 구멍과 홈을 내준다.

❷ 완성된 'ㄱ'자에 상자의 좌측 판을 놓고 'ㄷ'자 모양으로 나사를 결합한다.

❸ 나머지 뒤판을 결합한다. 마지막 판은 좌우측 판과 각각 직각이 되게 끝선을 맞추어서 결합을 해야 정각의 틀을 만들 수 있다.

❹ 사각틀에 바닥판을 결합한다. 바닥이 틀의 내부에 들어가서 한 치의 틈도 없도록 정확하게 이어준다.

Point

친환경 접착제 선택하기

친환경 접착제는 휘발성 유기 화합물의 함량과 방출량을 기준으로 친환경마크를 받은 제품 등이 있다.

제품에 포함된 납, 카드뮴, 수은, 6가크롬의 양이 기준량에 적합해야 하고 목공용 접착제의 접착력을 만드는 성분이 갖고 있는 포름알데이드 방출량도 기준을 초과하면 안 된다.

이런 기준은 한국환경산업기술원에서 공인한 환경마크가 붙어 있는 제품을 사용하는 것이 안전하다.

CD 수납장 만들기

❶ 먼저 수납장의 바닥판과 걸레받이를 결합한다. 걸레받이는 아래에서 위 방향으로 결합해서 나사 자국이 보이지 않게 한다.

❷ 바닥판을 수납장 좌우측 판 아래쪽에서 결합하고 윗판은 위쪽에서 덮어 결합한다.

❸ 수납장의 가로 선반을 일정 간격으로 나사 결합을 한다.

❹ 뒤판은 5㎜ 합판을 이용해서 결합한다. 윗판과 바닥판에 홈을 내서 끼워 결합하는 방식이 가장 튼튼하지만, 여기서는 나사 결합을 하는 것으로 마무리한다.

❺ 수납장이 완성되면 사포를 이용해서 샌딩하고 마감칠을 한다.

좌탁 만들기

❶ 좌탁의 다리로 사용할 재료를 'ㄱ'자로 직각 결합을 한다.

❷ 다리와 상판을 결합하기 위해 먼저 사각의 프레임을 짠다. 목재를 'ㄱ'자로 나사 결합한다.

❸ 'ㄱ'자 2개를 결합해서 사각 프레임을 만든다.

❹ 프레임과 다리를 결합한다. 프레임 안쪽에서 바깥쪽으로 나사를 삼각형 형태로 3개씩 박아준다.

❺ 프레임에 다리를 결합하고 수평의 면 위에 올려놓는다. 전체 다리가 바닥면과 수평이 맞는지 확인하고 필요하면 조절한다.

❻ 다리를 결합한 프레임에 빗겨박기로 상판을 단단하게 부착한다.

❼ 완성이 되면 샌딩과 마감 작업을 한다.

테이블을 만드는 여러 가지 방법

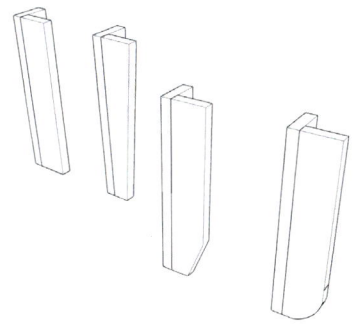

❶ 판재로 만드는 다리 모양은 위의 그림과 같다. 'ㄱ'자 형태의 다리와 사각 기둥 형태로 구분할 수 있다.

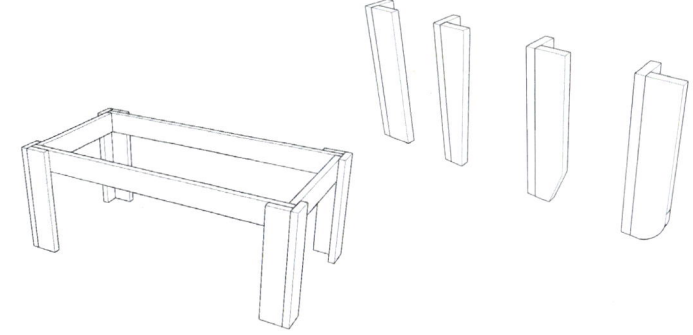

❷ 'ㄱ'자 다리의 아랫 부분을 직선이나 곡선 등으로 오려서 다양한 디자인을 연출할 수 있다.

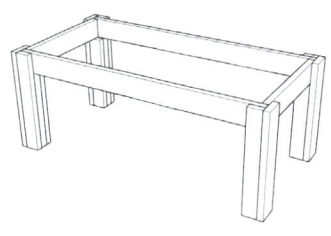

❸ 사각 다리로 프레임이 다리 안쪽으로 들어오는 디자인이다.

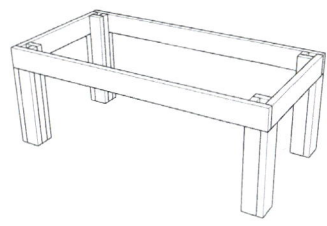

❹ 사각 다리로 프레임이 바깥쪽으로 있고 다리는 안으로 들어와서 다리와 프레임이 같은 면이 되는 디자인이다.

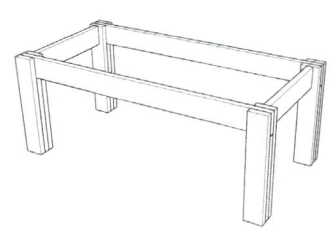

❺ 다리와 프레임을 연결해서 만드는 튼튼한 구조의 테이블이다.

부자재 활용의
기본 배우기

경첩의 다양한 종류

110° 경첩 아웃도어형 일반적인 수납장에 사용하며 110°로 문이 열린다.

180° 경첩 장롱에 사용하는 경첩으로 보통 165°에서 180°로 문이 열린다.

110° 경첩 인도어형 문짝이 수납장 안으로 들어가는 디자인에 사용한다.

나비 경첩 문을 아웃도어 형태로 디자인할 수 있다.

나비 경첩 경첩을 부착하는 부분에 따라 인도어, 아웃도어로 사용할 수 있다.

싱크대 경첩(110° 아웃도어형) 부착하기

❶ 문짝에 경첩을 결합하기 위해서는 드릴비트 전동드릴을 이용하여 문짝에 35mm 구멍을 뚫는다. 흔히 싱크대 문에 많이 사용하고 있어서 싱크대 경첩이라고도 불리고 110° 경첩이라고도 한다. 이 경첩은 문짝을 상하, 좌우, 전후로 일정 간격 이동할 수 있다.

❷ 보링을 한 문짝에 경첩 머리 부분을 넣고 직각자를 이용해 문짝과 수평이 되도록 위치를 정확히 잡아 나사로 결합한다.

❸ 경첩을 수납장의 몸통에 부착하기 위해, 좌우측 구멍에 나사를 결합하는데, 이 위치를 이동시키면 문짝의 높낮이를 조절할 수 있다.

❹ 경첩의 가운데 나사를 조이거나 풀면 문짝이 좌우측으로 이동한다. 이 부분을 조절하면 전체적인 문짝의 수직·수평을 맞출 수 있고 문짝과 본체 사이의 벌어지는 간격도 조정할 수 있다.

❺ 경첩의 맨 뒤쪽 나사를 풀어서 경첩의 몸통을 움직이면 문짝을 앞뒤로 움직일 수 있다.

레일의 종류

철 레일

슬라이딩 레일

철 레일
① 철 레일은 서랍통에 부착되는 좌우측과 서랍이 들어가는 몸통에 부착되는 좌우측에 4개가 1조로 되어 있다.
② 길이는 50mm 단위로 250~600mm까지 종류가 다양하다.

슬라이딩 레일
① 슬라이딩 레일은 2단과 3단으로 구분된다. 2단은 전자레인지 바닥의 슬라이딩 판이나 컴퓨터 키보드판 등 이동거리가 짧을 때 사용한다.
② 3단 슬라이딩 레일은 서랍장의 하중에 따라 레일의 폭이 넓은 것과 좁은 것이 있으며, 2단 슬라이딩 레일보다 더 많은 이동거리를 확보할 수 있다. 레일 길이는 50mm 단위로 300~600mm까지 있다.
③ 슬라이딩 레일은 서랍장 몸통의 측면이나 바닥면에 부착할 수 있는 장점이 있다.

철 레일 부착하기

❶ 철 레일의 서랍 쪽은 직각으로 꺾여있는 부분을 서랍의 바닥 모서리쪽으로 하고, 바퀴 부분이 서랍의 뒤쪽으로 가게 해서 결합한다. 레일 바퀴는 서랍 좌우측면의 뒤쪽으로 있어야 한다.

❷ 철 레일의 몸통 부분은 좌우측 및 레일의 상하를 구별해서 나사 결합을 한다. 플라스틱 바퀴가 붙어 있는 쪽이 서랍의 앞쪽으로 오고 바퀴가 아래방향이 되게 한다.

슬라이딩 레일 부착하기

❶ 슬라이딩 레일을 부착할 때는 맨 앞쪽 첫 번째 단을 분리하여 가장 넓은 면을 필요한 위치에 놓고 중간 레일을 움직여서 모든 구멍에 나사를 결합한다. 나사 결합 시 나사가 작고 나사산이 몇 바퀴가 안 되기 때문에 십자드라이버를 이용해서 손으로 돌려 박든지, 충전드릴의 회전력을 약하게 조절해서 나사가 헛돌지 않게 한다.

❷ 슬라이딩 레일로 서랍을 바닥면에 결합하는 모습이다. 3단 레일을 펼쳤을 때 맨 앞쪽 폭이 가장 작은 부분을 분리해서 서랍의 바닥면에 수평으로 결합한다.

❸ 슬라이딩 레일을 옆면으로 결합할 경우 서랍통의 측면에 수평으로 나사 결합한다.

❹ 3단 슬라이딩 레일을 분리하려면, 먼저 첫 번째 단을 끝까지 당긴다. 그런 후 중간 부분에 플라스틱 돌기를 아래 방향으로 누르고 앞쪽으로 레일을 잡아당기면 분리된다.

❺ 분리된 레일을 'ㄷ'자 형태로 안쪽에 쇠로 된 구슬 면에 일자가 되게 맞춘다. 천천히 안쪽으로 넣으면 플라스틱 부분이 완전히 들어가면서 찰칵 고정된다.

십자박기로 선반 부착하기

❶ 수납장 내부에 십자 결합을 하기 위해서 일단 사각의 몸통을 만든다. 먼저 선반 윗부분을 결합한다.

❷ 수납장의 아랫부분을 결합한다.

❸ 먼저 한쪽에 선반을 일정 높이에 맞추고 나사를 앞쪽에 하나 결합한다.

❹ 반대쪽 전면에 나사를 하나 결합한다. 뒤쪽은 나사 결합이 안 되어 있으므로 선반 뒤쪽을 꺾어 내린다.

❺ 꺾어 내린 선반의 반대쪽에 다른 선반을 높이를 맞추어 바깥쪽에 나사를 결합한다.

❻ 선반의 안쪽을 꺾어 올린 나머지 공간에 나사를 결합한다. 선반을 올려 세워서 바깥쪽을 나사로 결합하고 십자로 맞닿는 부분은 비스듬히 박는다.

그 외 선반 결합의 방법

① 수납장 내부에 일정 간격의 구멍을 뚫어 다보를 이용하여 이동식 선반을 부착하는 방법
② 나무에 홈을 파서 십자로 끼워 넣는 방법(p.140 찻잔 전시 선반에서 다룸)

공구 사용법부터 ←--→ 가구 제작까지

02 목공 DIY

Part 2-1

아이방 가구

01 아기용품 수납장 Layette Chest
02 빈티지 칠판 Vintage Blackboard
03 장난감 상자 Toy Box
04 아기 침대 Crib
05 유아용 흔들의자 Baby Rocking Chair
06 벽걸이 에어컨 박스 Air-conditioner Box

01
Layette Chest

기저귀, 분유통 등 아기만을 위한 전용물건들을 수납할 수 있는 벽장을 만들어 본다. 사용자의 어깨 높이 정도에 달아야 어렵지 않게 물건을 꺼낼 수 있다. 문이 열리는 각도를 주변 가구에 맞춰 잘 조정해야 한다.

아기용품 수납장

소요시간 **5시간**
난이도 **하**

Sense Up

01 수납장의 문짝은 목재 하나로 짜지 말고, 세 부분으로 나누어 이어주는 방식으로 만든다. 이는 나뭇결을 서로 반대되게 붙여 수축과 뒤틀림을 잡아주는 역할을 한다.

02 뒤판은 앞쪽과 좌우측을 돌출시켜서 몰딩 효과를 준다.

본체 (스프러스 15mm)

- A 상판 430 × 270 · 1개
- B 측판 560 × 240 · 2개
- C 바닥판 401 × 260 · 1개
- D 선반 365 × 240 · 2개
- E 뒤판(미송합판 5mm) 596 × 401 · 1개

문짝

- F 상하프레임 197 × 50 · 4개
- G 알판 456 × 197 · 2개

부자재

- **손잡이 1구 25mm** 손잡이 나사 2개 포함 · 2개
- **나사** 4 × 50 · 50개
- **나사** 12mm 금색나사 · 20개
- **나무못** 8 × 40 · 50개
- **싱크대 경첩** 경첩 나사 16개 포함 · 4개
- **삼각고리** · 2개

본체 만들기

01 본체를 만들기 전 상판에 모양을 내 주기 위해 트리머를 사용한다. 판재 끝부분을 단단하게 고정하고, 트리머의 날로 깎아 준다.

02 측판에 바닥판과 상판을 이어 붙이면 본체가 완성된다. 벽걸이로 사용되는 가구이므로, 측판과 바닥판을 딱 맞추어 연결한다.

03 높이를 정확히 세 등분해 두 개의 선반을 부착한다. 측면에서 나사못을 이용하여 연결해준다.

Tip

톱질의 정석

톱질하는 방법에는 한손 톱질과 양손 톱질이 있으며, 톱질을 할 때에는 톱몸 전체를 이용하여 길게 톱질을 하되 당길 때 힘을 더 주도록 한다.

자르는 부분의 톱날을 곧게 맞추고, 팔이 직선으로 연결되는 위치에 자리를 잡는다. 겨드랑이는 옆구리에 바짝 붙여야 정확한 직선으로 자를 수 있다.

시선은 톱 바로 위로 오도록 하고, 톱을 끌어당기면서 톱질을 시작한다. 톱에 힘을 주어 목재에 밀착시키지 말고, 톱 자체의 무게로 부재를 자르는 식으로 움직여 준다.

❶ 목재를 자를 때에는 금 긋기한 선 위에 정확히 대고 자르며, 톱몸을 수직으로 세워 자르는 면과 직각이 되도록 한다.

❷ 무르거나 얇은 목재는 각도를 작게(15~30°) 하고, 단단하거나 두꺼운 목재는 각도를 크게(30~45°) 한다.

❸ 한 손으로 톱자루를 쥐고, 다른 한 손은 재료를 누른 상태에서 엄지손가락을 톱몸에 대고 조금씩 천천히 왕복 운동하면서 톱길을 만든다.

❹ 목재를 작업대 위의 멈치에 맞추어 대고 한 손으로 누른 상태에서 다른 한 손으로 톱을 쥐고 톱질하여 자른다.

❺ 넓은 판이나 두꺼운 재료를 자를 때에는 목재를 낮은 작업대 위에 올려놓고 한쪽 발로 밟아 고정시킨 후 양손으로 힘 있게 톱질한다.

여닫이문 부착하기

04 문은 판재를 세 개로 나누어 이어붙이는 식으로 만든다. 가운데 판재에는 양끝의 판재 두께에 맞춰 표면에 얕은 홈을 내어 분위기를 맞춰주면 좋다.

05 좌우 문을 만들 때는 위와 아래에 나사못을 박아 연결한다. 또 일반 싱크대 경첩을 달 수 있도록 원형 홈을 두 개씩 파내 준다.

06 일반 싱크대 경첩을 부착한다. 여닫이문은 미세한 차이로 문이 잘 안 닫히거나 틈새가 생길 수 있기 때문에 나사의 조임을 조절해가며 맞춘다.

뒤판과 손잡이 부착하기

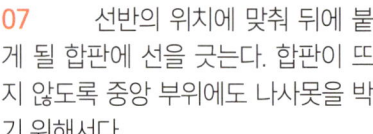

07 선반의 위치에 맞춰 뒤에 붙게 될 합판에 선을 긋는다. 합판이 뜨지 않도록 중앙 부위에도 나사못을 박기 위해서다.

08 나사못을 이용해 합판을 부착한다. 가정에 타카가 비치되어 있다면, 타카로 간단하게 작업해도 무방하다.

09 손잡이를 부착한다. 제품으로 나온 손잡이를 구입하지 않고 자투리목재를 자유롭게 가공해도 좋다. 문 안쪽에서 손잡이 방향으로 긴 나사못을 박아 고정시켜 준다.

Close Up

수납장의 직각 결합 확인하기

뒤판을 결합하기 전에 수납장 뒤쪽의 대각선 길이를 재어서 같은 길이가 나오면 정각으로 조립된 것이라 보면 된다.

치수가 다를 경우, 틀을 적당한 힘을 눌러 맞춘 다음 뒤판을 결합하도록 한다.

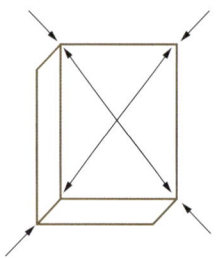

페인팅과 완성

10 #220 사포로 표면을 매끄럽게 정리한 뒤 붉은 색 밀크페인트를 이용해 꼼꼼히 칠해준다. 밀크페인트는 마르면서 더욱 제 색을 띄게 되므로 처음부터 너무 진하게 바르지 않도록 한다.

11 칠이 마르면 #220 사포로 모서리와 면을 골고루 문질러 칠을 자연스럽게 벗겨낸다.

12 빈티지풍의 연출을 위해 흰색 밀크페인트를 약간 거칠듯한 터치로 발라준다. 흰색 페인트 아래로 붉은 기가 보여야 하므로 페인트의 양을 조절해 칠한다.

13 칠이 마른 뒤에는 바니쉬로 가구의 전면을 골고루 칠해 광택을 주는 동시에 표면을 보호한다. 반면 무광 마감을 해도 좋다.

02
Vintage Blackboard

빈티지 칠판

소요시간 **3시간**
난이도 **중**

아이들의 낙서장이나 메모장 등으로 유용하게 쓰이는 흑칠판. 별다른 기술 없이도 전동드릴과 페인트만으로 누구나 손쉽게 완성할 수 있다. 목재 위에 바르기만 하면 칠판이 되는 페인트를 칠하거나, 얇은 칠판용 시트를 부착하면 그만이다.

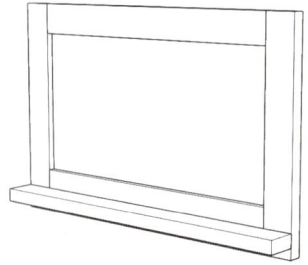

Sense Up

01 칠판 페인트는 스프레이형과 페인트형, 스티커형으로 출시되고 있는데 냉장고 면이나 플라스틱처럼 매끈한 면에는 스프레이를 사용해도 무방하다. 단, 스프레이의 경우 날릴 수가 있으므로 반드시 외부에서 작업을 해야 한다.

02 칠판 면으로는 합판 등의 목재보다는 매끄럽고 두께가 적당한 MDF가 더 유용하다. 합판의 경우는 결이 있어 깨끗하게 지워지지 않을 수도 있기 때문.

03 칠판 디자인을 응용해서 아이들 옷장의 문짝으로 이용할 수도 있다.

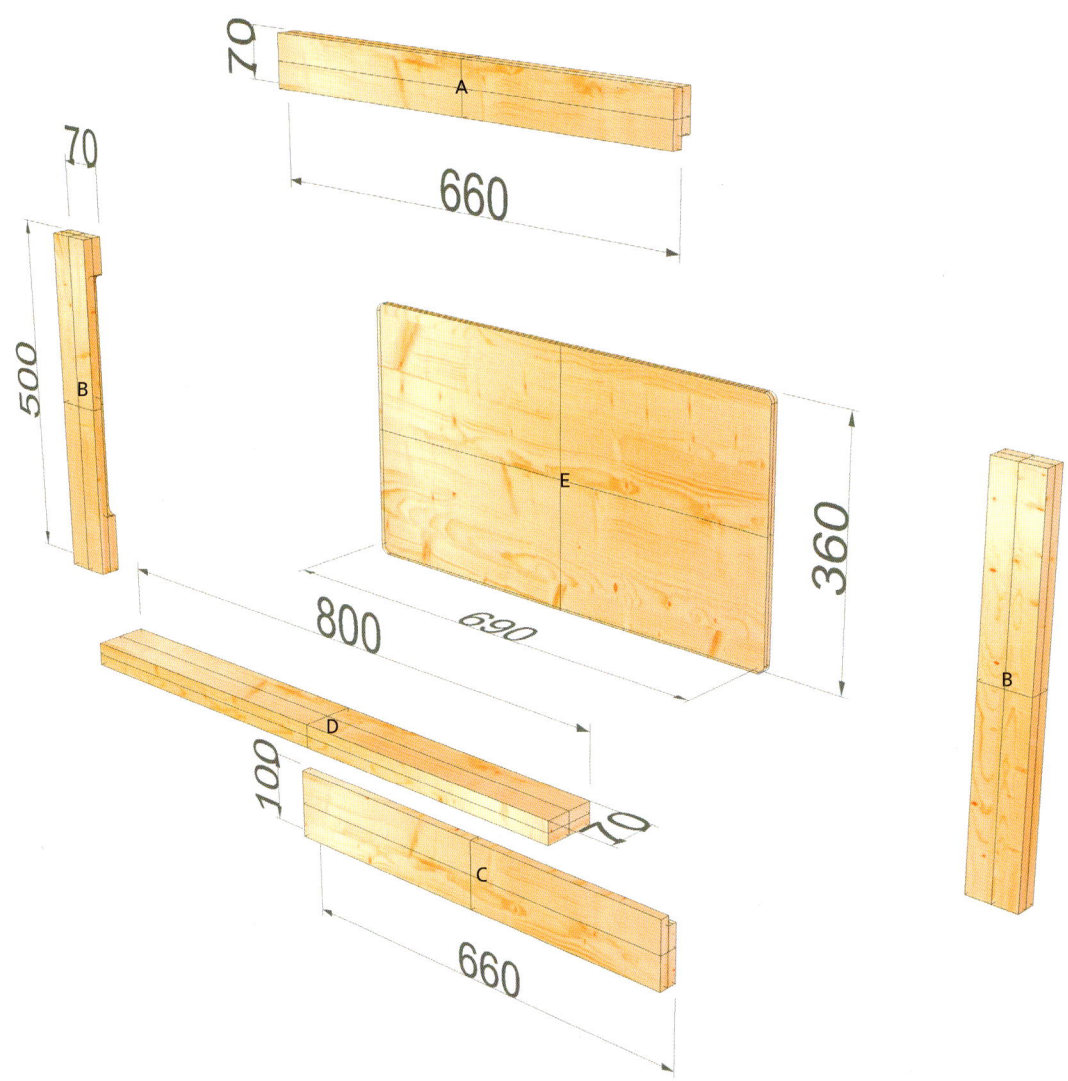

본체 (레드파인 30mm)

- A 위쪽 프레임 660 × 70 · 1개
- B 양옆 프레임 500 × 70 · 2개
- C 아래 프레임 660 × 100 · 1개
- D 선반 800 × 70 · 1개
- E 칠판(시더 12mm) 690 × 360 · 1개

부자재

- **삼각고리** 12mm 금색 나사 4개 포함 · 2개
- **나사** 4 × 50 · 20개
- **나사** 4 × 25(칠판 고정용) · 20개
- **나무못** 8 × 40 · 20개

프레임과 칠판 만들기

01 칠판 틀이 될 부분을 맞대어 본 뒤, 뒷면에 홈을 파준다. 칠판이 틀 속으로 깔끔하게 들어갈 수 있도록 칠판 두께만큼 일자 트리머로 파는 과정. 모서리를 둥글게 처리할 경우 직접 깎기가 쉽지 않으므로 목공소에 가공을 부탁하는 것이 좋다.

02 칠판 틀을 고정시킨다. 윗틀과 옆틀을 70mm 나사못을 이용해 'ㄱ'자 형으로 결합한다. 위아래 두 군데씩 박아주고 맞은편도 같은 방법으로 완성한다.

03 아랫틀을 고정시킨다. 틀 중에서 가장 넓은 부분으로 70mm 나사못을 이용해 위아래 두 군데씩 양쪽을 박아준다.

04 분필이나 소품을 올려 놓을 수 있는 선반을 아래 판에 고정시킨다. 적당한 위치를 정한 다음 높이가 일정하도록 각재를 받쳐 50mm 나사못으로 3군데 정도를 박아준다.

05 완성된 틀의 뒷면에 칠판을 넣어 고정시킨다. 홈이 파여진 부분에 칠판을 넣은 뒤, 15mm 나사못이나 타카를 이용해 고정한다.

06 깨끗하게 칠하기 위해선 칠판 부분만 별도로 칠해 주는 것이 좋다. 칠판용 판을 별도로 구입해도 좋지만, 칠판용 페인트만 있으면 쉽게 칠판을 만들 수 있다. 칠판의 일정한 결을 위해 가로로 반복해서 고르게 발라주는 것이 포인트.

Close Up

칠판용 페인트

칠판 전용페인트는 일반 검은색 페인트와 달리, 분필로 메모가 가능하고 쉽게 지워진다.

대개 원액 그대로 사용하는데, 수성으로 친환경 페인트다. 브라운, 핑크, 보라색 등 색상이 다양하지만 검은색과 녹색을 주로 쓰고 섞어서 사용해도 좋다.

03

Toy Box

잡다한 장난감을 한 곳에 정리할 수 있는 수납장. 별도의 손잡이가 없이 위로 열게 되어 있어 잠깐씩 앉는 의자로도 쓸 수 있다. 바닥에 바퀴를 달아 아이들도 손쉽게 옮길 수 있게 만들면 더욱 유용하다.

장난감 상자

소요시간 **3시간**
난이도 **하**

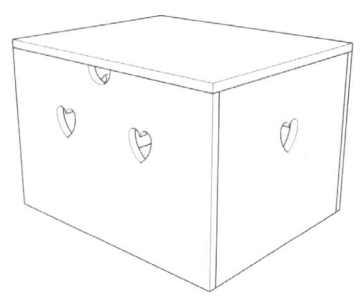

Sense Up

01 직소를 이용해 판재에 모양을 딸 때는 드릴로 모양 가운데 구멍을 먼저 내고 작업한다. 구멍은 박스를 들어올릴 때 손이 들어가는 부분이다.

02 박스 위에 사람이 앉을 경우를 대비해, 뚜껑 하단에 지지대를 덧대 안전하게 만든다.

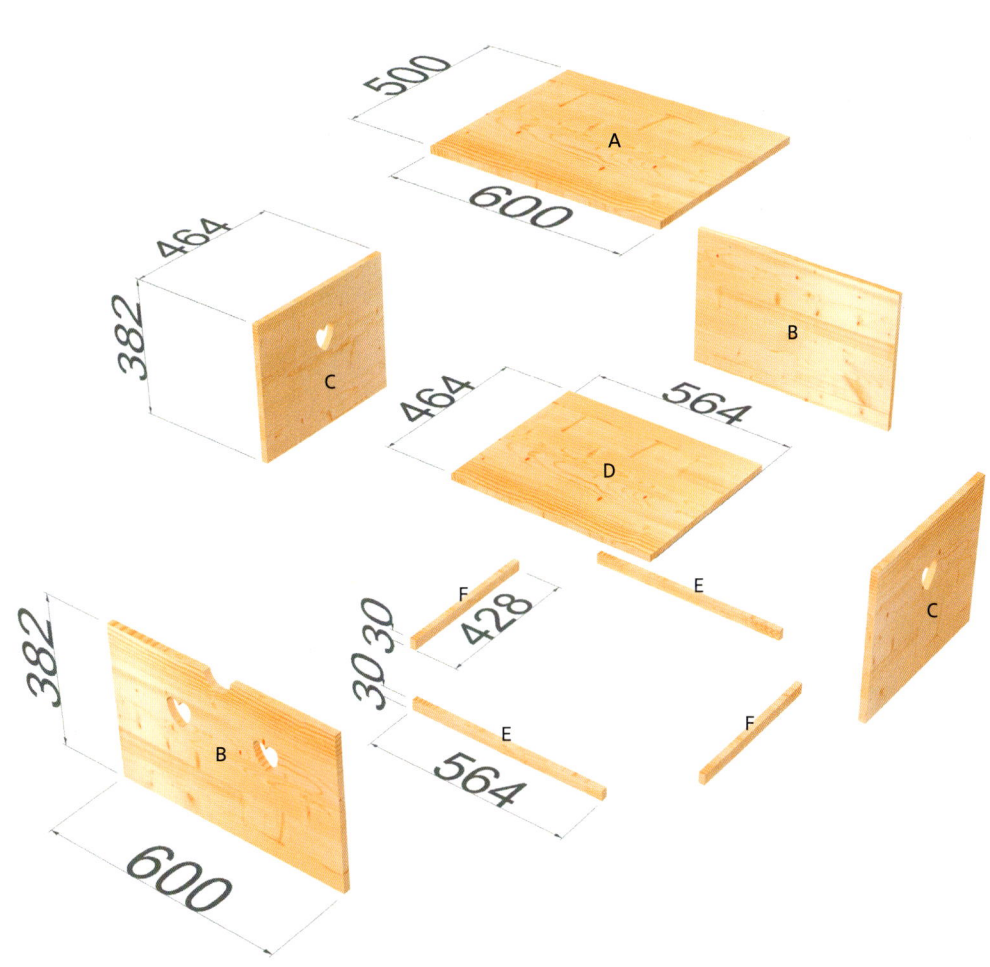

본체 (스프러스 18mm)

- A 뚜껑 600 × 500 · 1개
- B 측판1 600 × 382 · 2개
- C 측판2 464 × 382 · 2개
- D 바닥판 564 × 464 · 1개

보조목

- E 가로 보조목 564 × 30 · 2개
- F 세로 보조목 428 × 30 · 2개

부자재

- **나사** 4 × 50 · 50개
- **나사** 4 × 30 · 20개
- **나무못** 8 × 40 · 50개
- **바퀴** 높이 40mm(경첩 나사 16개 포함) · 4개
- **나비 경첩** 12mm(금색 나사 12개 포함) · 2개

본체 박스 만들기

01 사이즈에 맞춰 재단한 목재판 중 측판에 하트 모양의 구멍을 뚫는다. 직소를 사용하기 전, 판재의 중심점에 드릴을 이용해 구멍을 낸다.

02 그 구멍을 통해 직소날을 집어 넣고, 디자인한 도안을 따라 곡선 모양을 따낸다. 직소 사용 시에는 클램프로 목재를 단단히 고정하는 것이 좋다.

03 본체를 만들기 위해 측판을 나사못으로 연결시키면 위아래가 뚫린 사각 박스가 만들어진다.

04 바닥면을 만들 차례. 판재 사방을 둘러 3cm 높이의 각재를 대어 준다. 이는 바닥에 바퀴를 달았을 때, 외부로 바퀴의 모습을 감춰주는 역할을 한다.

05 만들어진 바닥판을 본체에 연결한다. 이왕이면 나사못 위치가 보이지 않도록, 안쪽에서 박아주도록 한다.

06 박스 높이에 맞춰 알맞은 크기의 바퀴를 단다. 바퀴 제품 자체에 못구멍이 나 있으므로 여기에 맞춰 나사못을 박는다.

뚜껑 만들어 부착하기

07 박스 뚜껑을 제작한다. 재단 되어 있는 판재에 각재를 이용해 지지대를 부착한다. 아이들이 박스에 앉았을 때 하중을 감당할 수 있도록 안전성을 고려한 작업이다.

08 뚜껑은 흰색 나비 경첩을 이용해 부착한다. 나비 경첩은 뚜껑을 270°까지 열릴 수 있게 한다.

09 손잡이 대신 앞판에 구멍을 내어 손을 집어넣어 열릴 수 있게 한다. 원 모양을 내기 위해 종이컵을 이용했다.

10 직소를 이용해 곡선을 딴다. 이 작업은 뚜껑을 부착하기 전 선행해도 상관없다.

Close Up

목재의 갈라짐을 최소화한 경첩달기

나비 경첩 좌우의 못구멍을 자세히 보면 구멍이 세 개가 나란히 있지 않고, 빗나가 있다. 이는 같은 나뭇결에 구멍을 많이 내면 자칫 목재가 갈라질 것을 우려한 장치다.

윗구멍과 아랫구멍에만 나사못을 박아주어도 무리가 없지만, 미관상 세 개의 구멍에 모두 박아주기도 한다.

페인팅과 완성

11 #220 사포로 표면을 매끄럽게 정리한 뒤 아이방에 어울리는 에메랄드색 밀크페인트를 이용해 전면에 골고루 칠해준다.

12 칠이 마르면 #220 사포로 모서리와 면을 골고루 문질러 칠을 자연스럽게 벗겨낸다. 너무 많이 벗겨내면 지저분해질 수 있으므로 주의한다.

13 젤 스테인을 헝겊에 최대한 연하게 묻힌 뒤 모서리와 면 곳곳에 발라 자연스럽게 연출한다.

14 칠이 마른 뒤에는 바니쉬로 가구의 전면을 골고루 칠해 광택을 주는 동시에 표면을 보호한다.

우리 아이 성격별 인테리어 팁

내성적인 아이

소심하고 활발하지 못한 아이는 밝은 색상보다는 차분한 색상을 좋아하는 경향이 있다. 이러한 아이의 방은 파스텔 톤으로 꾸미는 것이 좋다. 자연광이 들어오는 곳을 방으로 정하고 파스텔 톤으로 화사한 분위기를 만들어 주면 아이의 생기를 북돋울 수 있다. 조명도 형광등 보다는 따뜻한 느낌의 백열등을 사용해 전체적으로 포근한 분위기로 만들되 어둡고 침침하지 않도록 신경쓴다.

잘 싸우는 아이

유난히 싸움이 잦은 아이들은 감정의 기복이 심하고 정서적으로 불안한 상태일 가능성이 크므로 원색을 사용하게 되면 오히려 역효과를 가져온다. 안정감을 줄 수 있는 컬러를 이용해 파스텔 톤의 줄무늬 벽지나 자연 컬러의 가구가 무난하다.

고집 센 아이

자신이 좋아하는 컬러만 고집하므로 천천히 변화를 주는 것이 중요하다. 가구 색은 단색보다는 무늬나 그림이 있는 다양한 것이 좋고 벽과 천장 그리고 바닥의 색상도 완전히 다른 색상으로 꾸며 준다. 이 때 부모 스스로도 자신이 늘 같은 컬러를 고집하고 있는 건 아닌지 신경을 써 최대한 다양한 컬러를 접할 수 있도록 한다.

산만한 아이

집중력이 없고 산만한 아이들은 심리적으로 안정감을 주는 블루, 그린 컬러 계열의 차분한 색상이 좋다. 또 아이의 시선이 머무는 곳에 분명한 색상으로 포인트를 준다. 복잡한 색상이나 꽃무늬 등은 시선을 분산시켜 더욱 산만하게 만들 수 있다. 또한, 너무 짙은 원색은 불안감을 일으킬 수 있으므로 포근한 느낌의 색상을 사용한다.

혼자만 노는 아이

밖으로 나가고 싶은 욕구를 자극하는 색상을 이용한다. 살구색 바탕에 파릇파릇한 새싹이 돋아나는 듯한 라이트 옐로우, 라이트 그린 등 봄 색상으로 꾸며준다. 집 안 전체 분위기도 컬러풀하게 만들어 주면 아이는 뛰어 놀고 싶은 충동을 느낀다.

04
Crib

아기 침대

소요시간 **15시간**
난이도 **중**

아기 침대는 안전은 물론 사용 시 편리함까지 고려해 만들어야 한다. 바퀴가 달려 있어 이동이 편리하고 수납공간이 있어 아기 용품 보관에도 용이한, 튼튼한 아기 침대를 완성해보자.

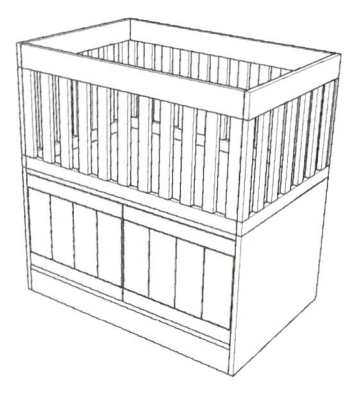

Sense Up

01 침대의 난간을 너무 높게 만들면, 아기를 침대에 눕힌 채 기저귀를 갈거나 안아 올리기가 불편하므로 부모의 신장에 맞춰 제작하는 것이 좋다. 일반적으로 55cm 높이 정도다.

02 앞 난간과 마찬가지 방법으로 옆 난간에도 경첩을 달아 내릴 수 있게 만드는 것도 사용에 효율적이다. 단, 안전을 위해 반드시 튼튼한 고정 장치를 함께 구비해야 한다.

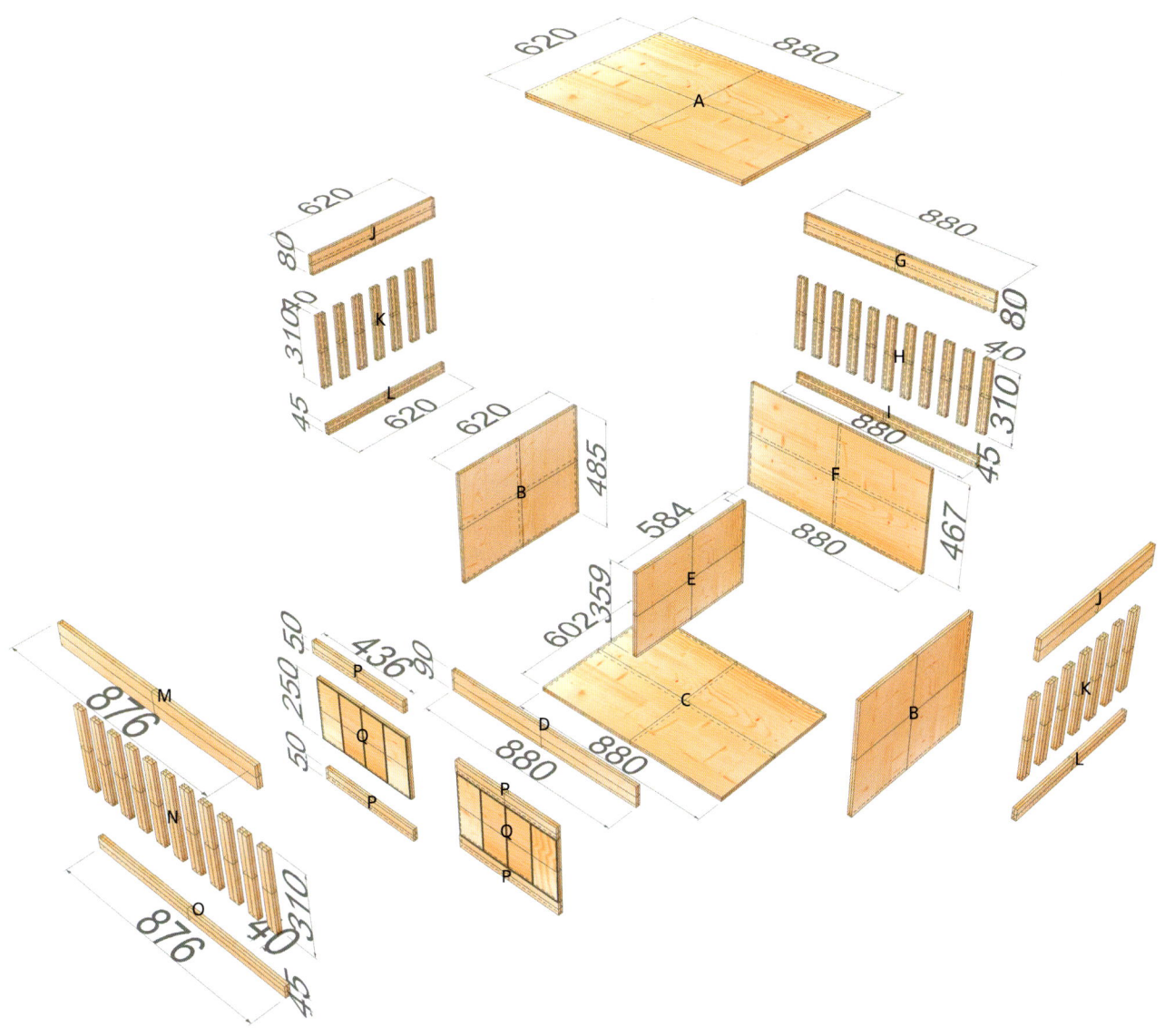

본체 (스프러스 18mm)

A 상판 880 × 620 · 1개
B 측판 620 × 485 · 2개
C 바닥판 880 × 602 · 1개
D 걸레받이 880 × 90 · 1개
E 가운데 세로판 584 × 359 · 1개
F 뒤판 880 × 467 · 1개

뒷난간대

G 상판 880 × 80 · 1개
H 세로목 310 × 40 · 11개
I 바닥판 880 × 45 · 1개

옆난간대

J 상판 620 × 60 · 2개
K 세로목 310 × 40 · 14개
L 바닥판 620 × 45 · 2개

앞난간대

M 상판 876 × 80 · 1개
N 세로목 310 × 40 · 11개
O 바닥판 876 × 45 · 1개

문짝

P 상하프레임 436 × 50 · 4개
Q 알판 436 × 250 · 2개

부자재

바퀴 높이 90mm · 5개
손잡이 1구 25mm(나사 2개 포함) · 2개
나사 4 × 50 · 200개
나사 4 × 30 · 20개
나무못 8 × 40 · 100개
싱크대 경첩 경첩 나사 16개 포함 · 4개
나비 경첩 경첩 나사 18개 포함 · 3개

하단부 수납장 만들기

01 수납장 바닥 부분을 먼저 조립한다. 바닥판과 걸레받이를 연결한다. 30mm 나사못을 이용해 대각선으로 비스듬히 네 군데 정도를 박아준다.

02 바닥판과 양 측판을 고정시킨다. 걸레받이와 연결된 부분부터 측판과 바닥이 맞닿는 부분을 50mm 나사못으로 다섯 군데 정도 꼼꼼히 박아 고정시킨다.

03 뒷판 고정 시에는 가구를 눕힌 채 작업한다. 가로는 여섯 군데, 세로는 네 군데 정도 50mm 나사못으로 박는다. 바닥판과 뒷판이 맞닿는 곳은 걸레받이 높이와 같으므로 그 높이만큼 자로 잰 다음, 정확하게 박도록 한다.

04 상판의 경우 가구를 세운 다음 가로는 여섯 군데, 세로는 네 군데 정도 50mm 나사못으로 박아준다.

05 수납장의 외관이 완성되었으면, 중간에 칸막이를 고정시킨다. 위아래 부분을 세 군데씩 50mm 나사못으로 박아준다.

06 침대의 이동이 편리하도록 바퀴 네 개를 모서리마다 달아준다. 바퀴는 걸레받이 높이보다 조금 더 높은 사이즈를 선택한다.

난간 만들기

07 침대 앞부분에 들어갈 난간부터 만든다. 11개의 각재를 순서대로 고정시키되, 난간의 양 끝은 가장 얇은 각재로 마무리한다.

08 침대의 양 옆에 고정될 난간 부분에는 직소로 모양을 내준 뒤 7개의 각재를 차례대로 고정시킨다. 사진과 같이 한 쪽은 두꺼운 각재로 한 쪽은 공간을 남긴 채로 작업한다.

09 뒤에 고정될 난간 부분은 앞 난간과 마찬가지로 11개의 각재를 순서대로 고정시킨다. 그러나 양 끝처리는 같은 크기의 각재만큼 공간을 두고 외부로 튀어나오게끔 고정시킨다.

본체에 난간 연결하기

10   완성된 수납장 위로 난간을 고정시킨다. 양 끝이 튀어나온 난간을 뒷부분에 먼저 설치한다. 50mm 나사못을 이용해 가로로 네 군데 정도를 꼼꼼히 박는다.

11   뒤쪽 난간이 고정되었으면, 양 옆의 난간을 순서대로 고정한다. 뒤쪽 난간의 튀어나온 부분과 옆 난간의 들어간 부분을 서로 연결시킨 다음 난간이 겹쳐지는 위아래 부분을 고정시킨다.

12   옆 난간의 가로 부분을 세 군데 정도 50mm 나사못을 이용해 꼼꼼히 박아준다.

13   앞 난간이 고정될 부분에 경첩을 단다. 경첩 부분이 외부로 보이지 않도록 난간을 밑으로 접은 상태로 경첩을 안쪽으로 두 개 부착한다. 앞 부분의 난간은 페인트를 칠한 뒤에 달아주는 것이 좋다.

수납장 문짝 부착하기와 페인팅

14 세로로 골을 파낸 문짝의 위아래 부분을 고정시킨다. 윗면을 50mm 나사못을 이용해 세 군데씩 박는다.

15 경첩을 달 문짝에 둥글게 구멍을 뚫는다. 일반 싱크대 경첩의 경우 35mm 보링날을 이용해 미리 구멍을 뚫어 놓은 뒤 고정시킨다.

16 구멍이 뚫린 부분에 경첩을 고정시킨 뒤 15mm 나사못을 이용해 꼼꼼히 박는다.

17 수납장 양쪽으로 문짝을 달아준 뒤, 문손잡이를 고정시켜 완성한다.

18 도장 전에 #220 사포로 가볍게 샌딩한 후, 표면의 먼지나 이물질을 닦는다. 이후 밀크페인트 앤틱화이트 제품을 2~3회 도포한다. 건조 후 #220 사포로 모서리를 샌딩한다.

19 원목색의 글레이즈를 제품 전체에 바른다. 미리 샌딩한 모서리 부분은 더욱 잘 스며들어 앤틱한 분위기를 강조할 수 있다. 글레이즈가 마르면 내구성을 높이기 위해 투명코팅 마감재를 바른다.

05

Baby Rocking Chair

유아용 흔들의자

소요시간 **3시간**
난이도 **중**

칭얼대던 아이도 그 위에 뉘이면 어느새 새근새근 잠들게 하는 흔들의자. 그러나 아무리 안락한 흔들의자라 하더라도 아이들의 눈높이에 맞추지 않으면 위험하다. 엄마의 품처럼 아늑하고 안전한 아이들을 위한 미니 흔들의자를 만들어보자.

Sense Up

01 유아가 사용할 흔들의자를 만들 경우 가장 중요한 것은 안전이다. 이를 위해 완만한 기울기와 낮은 높이는 물론, 아이가 밖으로 튀어 나오지 않도록 의자의 깊이를 고려해야 한다.

02 의자의 사이즈는 푹신하고 두꺼운 쿠션 등을 사용할 것을 생각한 뒤 제작하도록 한다.

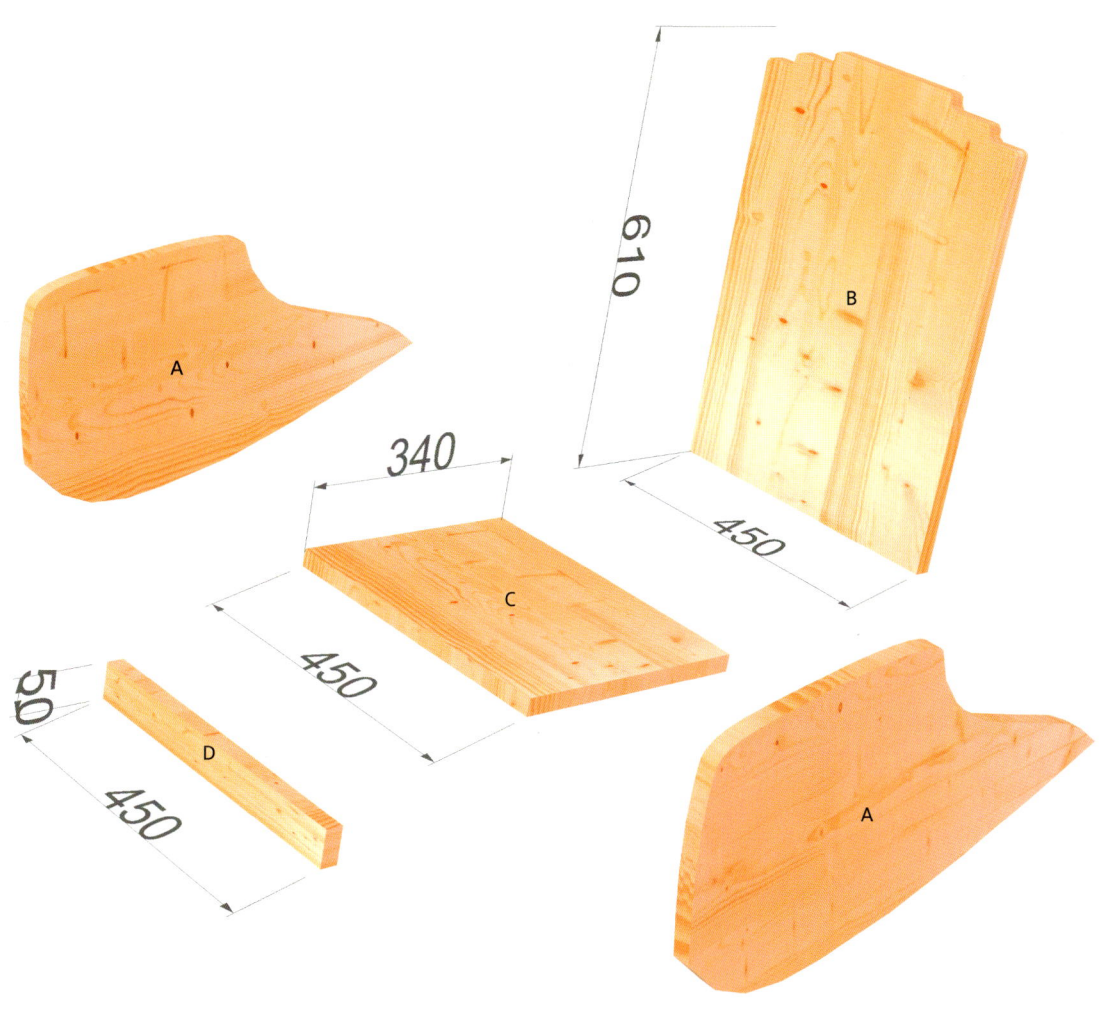

본체 (스프러스 24㎜)

A 측판 720 × 400 · 2개
B 등판 610 × 450 · 1개
C 바닥판 450 × 340 · 1개
D 앞쪽 보조목 450 × 50 · 1개

부자재

나사 4 × 50 · 30개
나무못 8 × 40 · 10개

재료 재단하기

01 흔들의자의 측판이 될 부분을 원목에 도면대로 그린다. 기울기가 급격할수록 흔들림이 커지므로 아이의 안전을 위해 아래 부분은 완만한 곡선으로 한다.

02 직소를 이용해 옆판을 재단한다. 손잡이가 될 옆판의 모서리는 트리머를 이용해 부드럽게 정리한다.

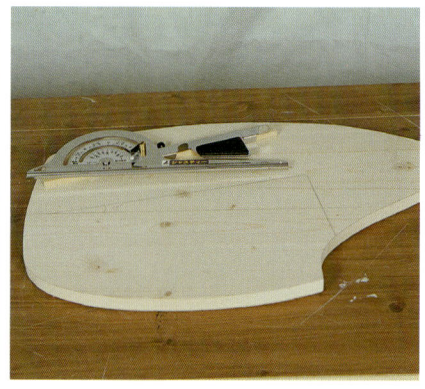

03 옆판, 의자 바닥, 등판의 정확한 고정을 위해 작업 전 기울기를 표시해두는 것이 중요하다. 옆판에 직선을 그린 뒤 그보다 15° 정도 기울어진 곳에 표시한다.

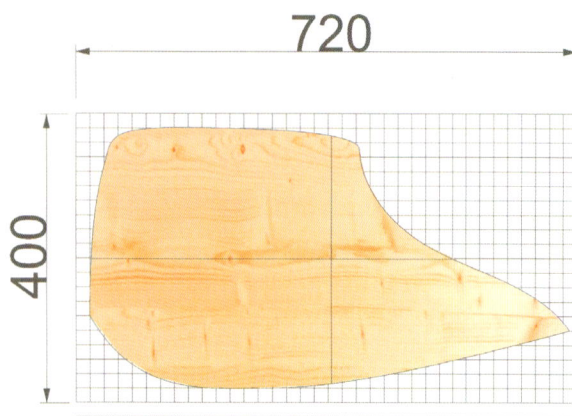

흔들의자 본체 조립과 페인팅하기

04 의자의 바닥과 등판을 연결한다. 등판의 바닥 끝에서 위로 3~4cm 지점에 바닥판을 대고 고정시킨다.

05 연결된 바닥과 등판을 옆판에 그려진 선에 맞춰 고정시킨다. 의자를 옆으로 눕힌 채 체중이 많이 실리게 되는 바닥에는 세 군데를, 등 쪽으로는 두 군데를 박는다.

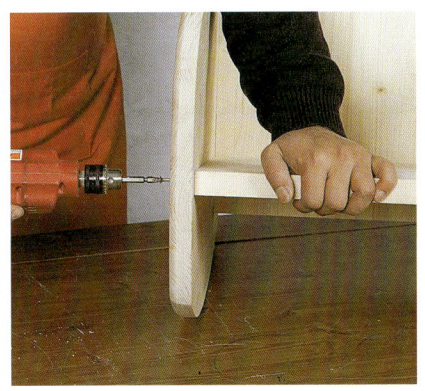

06 연결이 어느 정도 된 상태에서 의자를 세워 본다. 의자가 뒤 또는 앞쪽으로 쏠리거나 흔들림이 불안정하지 않은지 살펴본 후, 이상이 없다면 연결을 마무리한다.

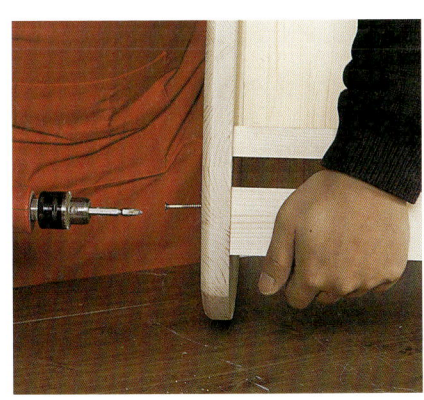

07 의자 바닥의 아래 부분에 지지대를 고정한다. 이 지지대는 의자가 뒤쪽으로 쏠리지 않게끔 하는 역할을 하며 동시에 의자의 보강재 개념으로 반드시 필요하다.

08 스웨이드 페인트로 벨벳 느낌을 연출한다. 붓터치를 살리기 위해 △형이나 ×형태로 붓을 움직여 준다.

09 페인트가 마르면 한 번 더 덧칠한다. 페인트를 충분히 많이 묻힌 뒤 1차 페인트칠과 같은 방법으로 2차 칠을 한다. 칠이 마른 후, 바니쉬로 가구의 전면을 골고루 칠한다.

06

Air-conditioner Box

벽걸이 에어컨 박스

소요시간 **5시간**
난이도 **중**

구형 벽걸이 에어컨은 외관이 볼품 없고, 먼지도 많이 껴 실내 분위기를 해칠 수 있다. 이때, 원목을 이용해 커버를 만들어보자. 위아래 여닫이 덮개를 만들어 작동과 청소에 지장이 없게 하는 것이 중요하다.

Sense Up

01 에어컨의 폭과 길이를 정확히 재어, 이보다 100mm 이상 크기를 늘려 제작에 들어간다.

02 통풍구를 막지 않도록 갤러리 짜임창으로 계획하고, 추후 청소가 쉽도록 하단부의 문은 아래로 열리게 계획한다.

03 실외기의 위치를 사전에 확인하고, 호스와 전선을 연결하도록 옆면에 작은 구멍을 낸다.

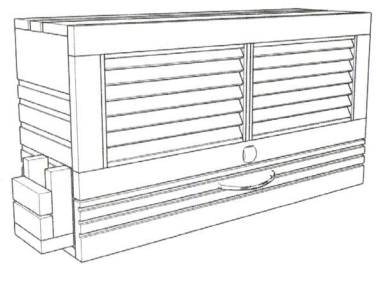

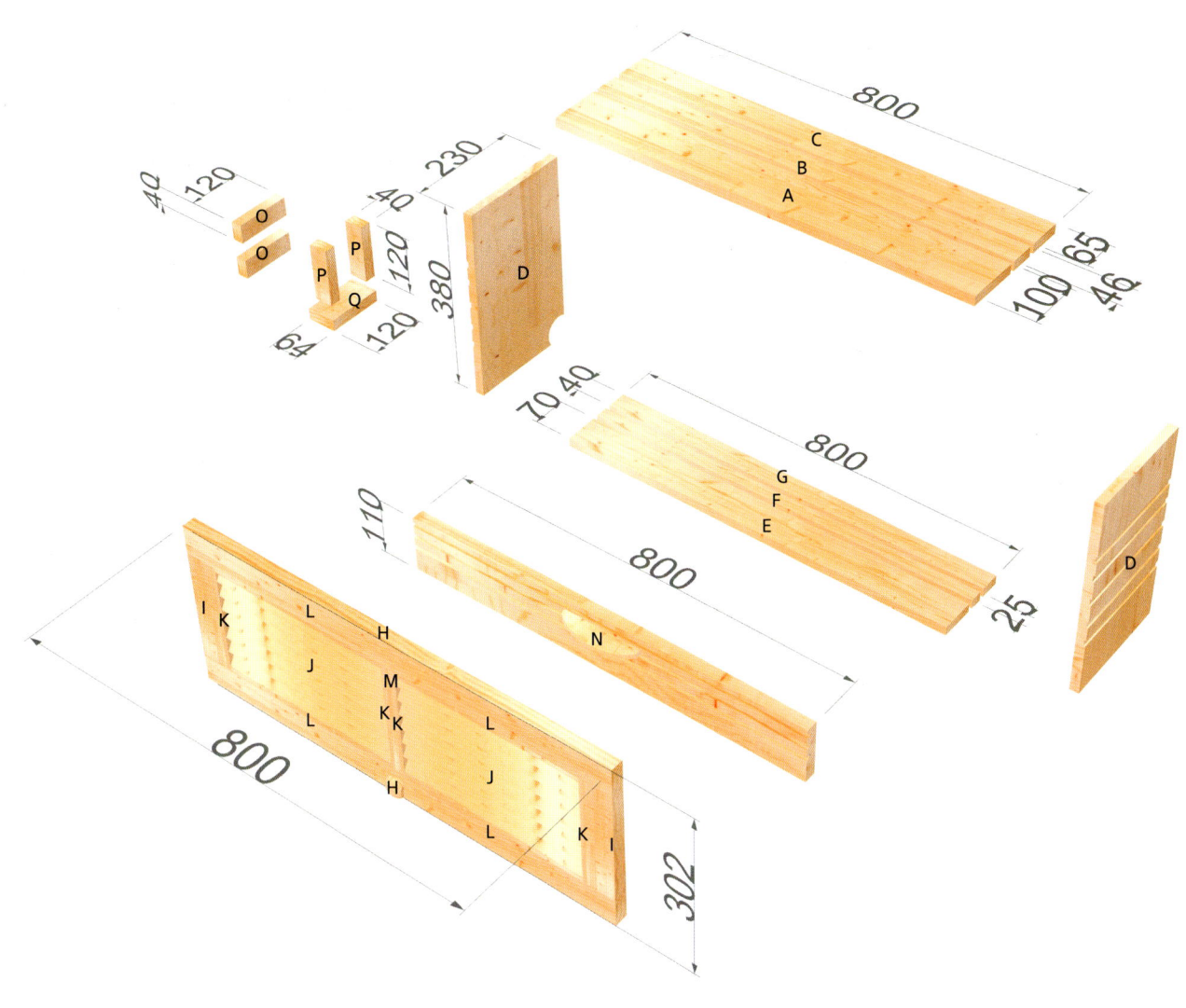

본체 (스프러스 18mm)

- A 상판 800 × 100 · 1개
- B 상판 800 × 46 · 1개
- C 상판 800 × 65 · 1개
- D 측판 380 × 230 · 2개
- E 바닥판 800 × 70 · 1개
- F 바닥판 800 × 25 · 1개
- G 바닥판 800 × 40 · 1개

갤러리 문짝 (스프러스 24mm)

- H 상하 프레임 800 × 50 · 2개
- I 양옆 프레임 202 × 50 · 2개
- J 갤러리 가로살 325 × 7 · 14개
  (레드파인 30mm)
- K 갤러리 세로살 202 × 8 · 4개
  (레드파인 24mm)
- L 갤러리 상하막음목 329 × 8 · 4개
- M 중간 보조목 202 × 10 · 1개
- N 아랫문짝 800 × 110 · 1개

리모컨 수납장 (스프러스 24mm)

- O 상판 120 × 40 · 2개
- P 측판 120 × 40 · 2개
- Q 바닥판(레드파인 24mm) 120 × 64 · 14개

부자재

- **손잡이 1구** 30mm 손잡이 나사 1개 포함 · 1개
- **손잡이 2구** 30mm 손잡이 나사 2개 포함 · 1개
- **나사** 4 × 50 · 50개
- **나사** 4 × 30 · 50개
- **나무못** 8 × 40 · 50개
- **경첩** 경첩 나사 16개 포함 · 4개

본체 만들기

01 똑같이 준비된 옆판 두 개 중 하나를 골라 에어컨 호스와 전깃줄이 빠져나갈 수 있는 구멍을 만들어 준다. 연필로 그리고 직소를 이용해 원을 만든다.

02 윗면과 아랫면은 한판으로 부착하기 보다는, 원활한 통풍과 습기 조절을 위해 여러 판을 일정 간격을 띄워 붙이는 편이 낫다.

03 윗면에 부착되는 각재 중 매달 수 있는 고리를 연결해야 할 부분이 있다. 하중을 잘 견딜 수 있어야 하므로 버팀목을 하나 더 붙여 튼튼하게 만든다.

04 수납함의 내부 천장에는 가로 목재의 고정을 위해 세로로 각재를 하나 더 부착해 준다. 하중을 견디는 역할을 한다.

05 갤러리 문짝을 만들기 위한 재료들. 재단과 구멍내기가 다소 까다롭기 때문에 요즘은 공방에서 반가공 상태의 제품을 판매한다.

06 갤러리 살을 본드를 이용해 측면틀에 붙인다. 45° 기울어진 각도로 고정시키면 이 부분으로 에어컨의 찬바람이 나오게 된다.

07 갤러리 살 부착이 끝나면 고무망치를 이용해 톡톡 두드려준다. 각자 고정된 위치에 자리잡을 수 있도록 갤러리 살의 각도를 확인하며 작업한다.

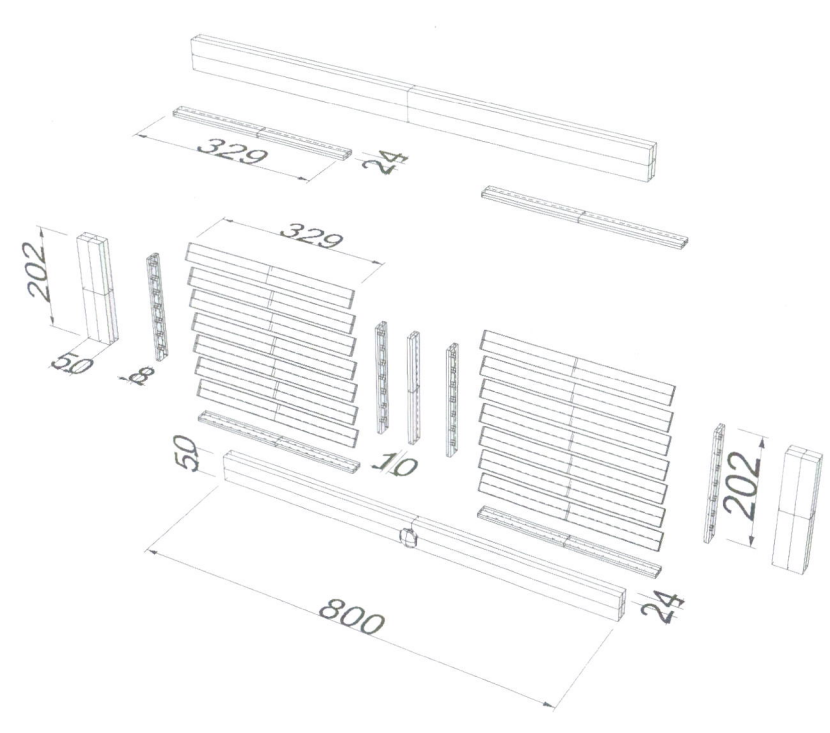

08 측면에 이어 위아래 면을 마감한다. 나무각재에 본드를 발라 가장자리에 붙인다. 갤러리 문은 이후 큰 프레임에도 부착하기 때문에 굳이 나사못을 이용한 고정은 필요 없다. 갤러리살은 똑같은 크기로 두 개 만든다.

09 상부 문짝에 쓰일 프레임을 제작한다. 드릴을 이용해 구멍을 내고 자칫 휘어질 수 있으니 클림프로 고정시킨 후 작업하면 편하다.

10 프레임 안에 갤러리문틀을 끼워 넣는다. 이 때 두 개의 갤러리문 사이에는 가는 각재 하나를 부착해 중심선을 만들어 준다.

11 수납장 측면에 부착할 리모콘함을 만든다. 전체 두께를 고려해, 박스를 짜되, 리모콘을 쉽게 꺼내고 청소도 가능하도록 손이 들어갈 정도 크기가 적당하다.

12 문짝을 달기 전, 리모콘함을 먼저 연결해야 작업이 쉽다. 드릴로 4개의 구멍을 뚫고 나사못으로 고정한다.

갤러리살 문짝 부착과 페인팅하기

13 상단 문짝을 싱크대 경첩을 이용해 고정시킨다. 문짝에 35㎜ 홈을 파고 설치한다.

14 하단 문짝의 경첩을 단다. 위 문짝과 마찬가지로 싱크대 경첩을 사용한다.

15 문짝 하단의 손잡이는 아래로 쉽게 내릴 수 있게 라운드바 형태로 선택한다. 손잡이 나사로 손잡이를 고정시킨다.

16 목재의 두께에 맞는 원목 손잡이를 선택, 손잡이 나사를 이용해 고정한다.

17 벽면에 매달 수 있게 고리를 부착한다. 가장자리에서 안으로 10㎝ 위치에 나사못을 이용해 박는다.

18 도장 전에 #220 사포로 가볍게 샌딩한 후, 표면의 먼지나 이물질을 처리한다. 왁스 스테인을 이용해 2~3회 도포한다. 닦아내는 작업 없이 고르게 색이 나오도록 잘 펴서 바른다.

공구 사용법부터 ←--→ 가구 제작까지

02 목공 DIY

Part 2-2

침실 가구

07 미니 사이드 테이블 Small Side Table
08 갤러리 파티션 Gallary Partition
09 싱글 침대 Single Bed
10 갤러리 화장대 Dressing Table
11 원형 앤틱 테이블 Round Antique Table
12 키 큰 콘솔 Hard Consol

07

Small Side Table

미니 사이드 테이블

소요시간 **3시간**
난이도 **하**

침대 옆이나 주방 한 켠 코지 공간에 두는 작은 사이드 테이블이다. 상판에는 전화기나 화병, 자명종 시계를 올려두고, 테이블 하단은 책을 꽂아둘 수 있어 실용적이다.

Sense Up

01 가구를 둘 위치를 미리 선정해, 높이를 정해야 한다. 침대 높이와 사용자의 앉은 키를 고려하면 좋고, 하단 수납 부위를 늘리고 싶으면 가로 칸막이를 하나 더 설치해 주는 것도 좋다.

02 상판은 통판이 아니라, 세 등분된 나무를 이어붙여야 뒤틀림이 없다. 상판 위에 유리나 타일을 얹어 모양을 내기도 한다.

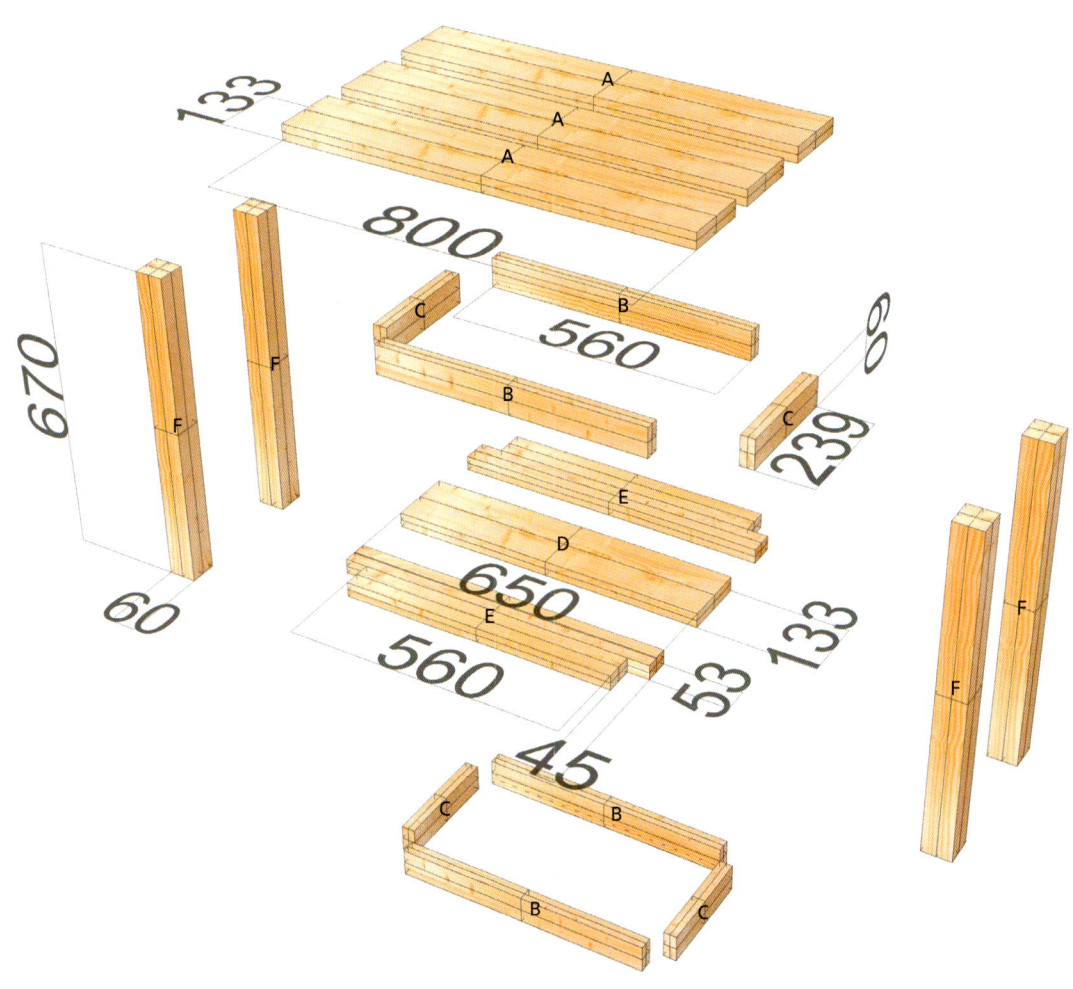

본체 (레드파인 30mm)

- A 상판 800 × 133 · 3개
- B 가로프레임 560 × 60 · 4개
- C 세로프레임 239 × 60 · 4개
- D 가운데판 650 × 133 · 1개
- E 양옆판 650 × 113 · 2개
- F 다리(레드파인 60각) 길이 670 · 4개

부자재

- 나사 4 × 50 · 100개
- 나사 4 × 30 · 50개
- 나무못 8 × 40 · 50개

가로·세로 다리 만들기

01 가로 부분에 놓일 다리 몸체를 만드는 것이 우선이다. 670mm 다리와 560mm 프레임을 직각으로 맞붙인 뒤 70mm 나사못으로 두 군데씩 박아 고정시킨다. 같은 방법으로 맞은편도 완성한다.

02 가로 테이블 다리를 만든다. 아래 선반이 들어갈 높이에 560mm 프레임을 고정시킨다. 같은 방법으로 가로 테이블 다리를 하나 더 만든다.

03 두 개의 테이블 다리를 연결해 완성한다.

04 세로 테이블 다리를 만들기 위해 670mm 다리 중앙에 239mm 프레임을 세운 뒤 두 곳을 박아 고정시킨다. 정확히 중간에 박힐 수 있도록 각재를 아래에 받친 채 박는다. 맞은편도 같은 방법으로 한다.

05 아래 선반이 들어갈 높이에 239mm 프레임을 고정시킨다. 같은 방법으로 세로 테이블 다리를 하나 더 만든다.

06 세로 다리 완성.

다리 연결로 테이블 완성

07 완성된 가로, 세로 다리를 조립한 뒤, 안쪽을 50mm 나사못으로 단단하게 박는다. 네 군데 모두 같은 방법으로 고정시킨다.

08 다리 부분을 완성한다. 다리가 바닥과 직각을 이루는지, 흔들림은 없는지 확인한다.

09 아래 선반을 만들 차례. 네 모서리에 홈이 파여진 650mm 아래 선반을 50mm 나사못을 이용해 양옆으로 고정시킨다. 그 다음 중간 각재를 넣어 사진과 같은 방법으로 부착한다.

10 상판 고정시키기. 상판 조각들을 차례대로 단단하게 결합한다.

11 테이블 완성. 사포질을 한 후, 주방이나 거실의 분위기에 어울리는 페인트로 마감한다.

08

Gallary
Partition

갤러리 파티션

소요시간 **6시간**
난이도 **중**

내추럴한 인테리어에 어울릴만한 갤러리 파티션. 나무의 색감이 그대로 드러나 보다 자연스러운 실내 연출이 가능하다. 공간을 나누고자 하는 적당한 곳에 세워 두면 효과적으로 사용할 수 있다.

Sense Up

01 통풍은 물론 프라이버시 기능을 갖추고 있는 갤러리 파티션은 구멍이 뚫린 격자무늬 파티션에 비해 활용의 폭이 넓다.

02 갤러리 살은 파티션의 높이와 너비 그리고 모양을 미리 감안해 구입하도록 한다. 가끔 갤러리의 겉모양만 본떠 조각된 통풍 기능이 전혀 없는 제품이 있으므로 주의한다.

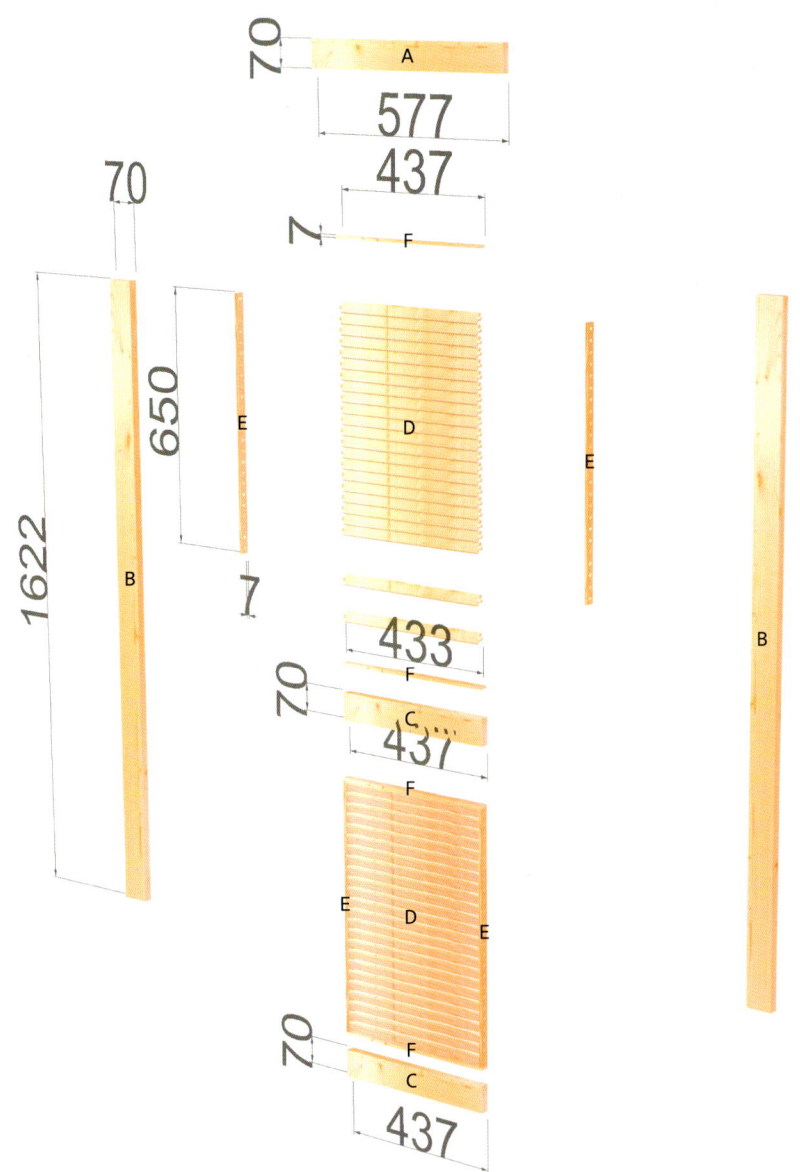

본체 (스프러스 24mm)

A 위쪽프레임 577 × 70 · 2개
B 양옆프레임(다리) 1,622 × 70 · 4개
C 중간/아래쪽프레임 437 × 70 · 4개

갤러리

D 가로살(레드파인 30mm) 433 × 7 · 96개
E 세로살(레드파인 24mm) 650 × 7 · 8개
F 상하막음목(스프러스 24mm) 437 × 7 · 8개

부자재

나사 4 × 50 · 100개
나무못 8 × 40 · 50개
나비 경첩 12mm 금색 나사 18개 포함 · 3개

갤러리 조립하기

01 24개의 가로살과 24개 구멍이 뚫린 갤러리 세로틀 그리고 가로틀이 한 세트인 갤러리를 구입해 조립한다. 우선 가로살을 구멍 뚫려 있는 세로틀에 차례로 꼼꼼하게 꽂는다.

02 세로틀 고정하기. 가로살을 3개 정도 꽂은 뒤에는 위로 세로틀을 구멍에 맞춰 꽂는다. 망치로 몇 번 두드려 단단하게 고정시킨다.

03 고정된 세로틀 사이로 가로살을 하나씩 조심스럽게 끼운다. 살이 빠지지 않도록 다른 손으로 꼭 잡아준다. 24개를 같은 방식으로 꽂은 뒤 망치로 두드려 단단하게 고정한다.

04 살이 다 끼워졌으면 위아래 가로틀을 고정시킨다. 최대한 작고 얇은 못을 이용해 갤러리 위아래 양 옆에 부착한다. 타카를 사용해도 된다. 같은 방법으로 갤러리 4개를 완성한다.

파티션 틀에 갤러리 고정하기

05 파티션 틀 만들기. 우선 파티션의 윗면과 기둥을 'ㄱ'자 형으로 고정시킨다. 70mm 나사못으로 두 군데씩 깊숙이 박는다. 맞은편 기둥도 같은 방법으로 고정한다.

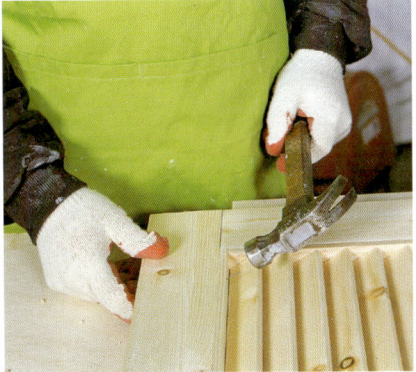

06 틀 안으로 갤러리를 넣어 고정시킨다. 고정판 위로 작은 못 또는 타카를 이용해 3~4번씩 꼼꼼하게 박는다.

07 갤러리가 고정되었다면, 다음에는 갤러리 아래로 지지대를 고정시킨다. 지지대의 양 옆을 70mm 나사못을 이용해 위아래에 박는다.

08 지지대 아래로 갤러리를 하나 더 넣는다. 갤러리의 위와 양옆을 작은 못이나 타카를 이용해 고정한 다음, 아래 부분에는 앞에서와 같은 방법으로 지지대를 고정시킨다.

09 핑크색 우드스테인을 이용해 나뭇결을 따라 꼼꼼하게 칠한다. 원목 가구는 나뭇결을 살리는 것이 중요하므로 진하게 바르기 보다는 약간 은은하게 2~3번 반복해 도포한다.

09

Single Bed

싱글 침대

소요시간 **8시간**
난이도 **중**

침대는 크기는 크지만, 공정이 단순해 초보자도 쉽게 만들 수 있다. 단, 매트리스와 사용자의 무게를 감안해 하중을 지지할 수 있을 정도로 튼튼하게 만드는 것이 무엇보다 중요하다. 심플한 디자인에 장소도 많이 차지하지 않는 싱글 침대부터 도전해보자.

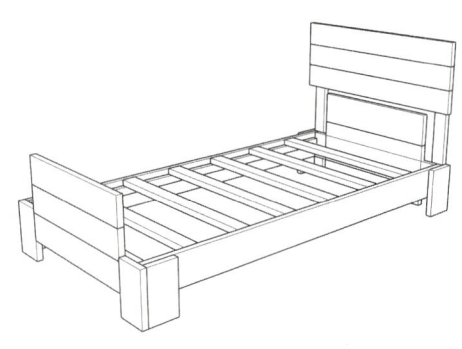

Sense Up

침대에 일반 스프링 매트리스를 깐다면 지지하는 가로살을 대주고, 그 위에 매트리스를 그냥 올려도 무방하다. 단, 라텍스 소재의 매트리스를 사용하려면, 가로살 위에 합판을 하나 덧대 고정시켜줘야 안전하다.

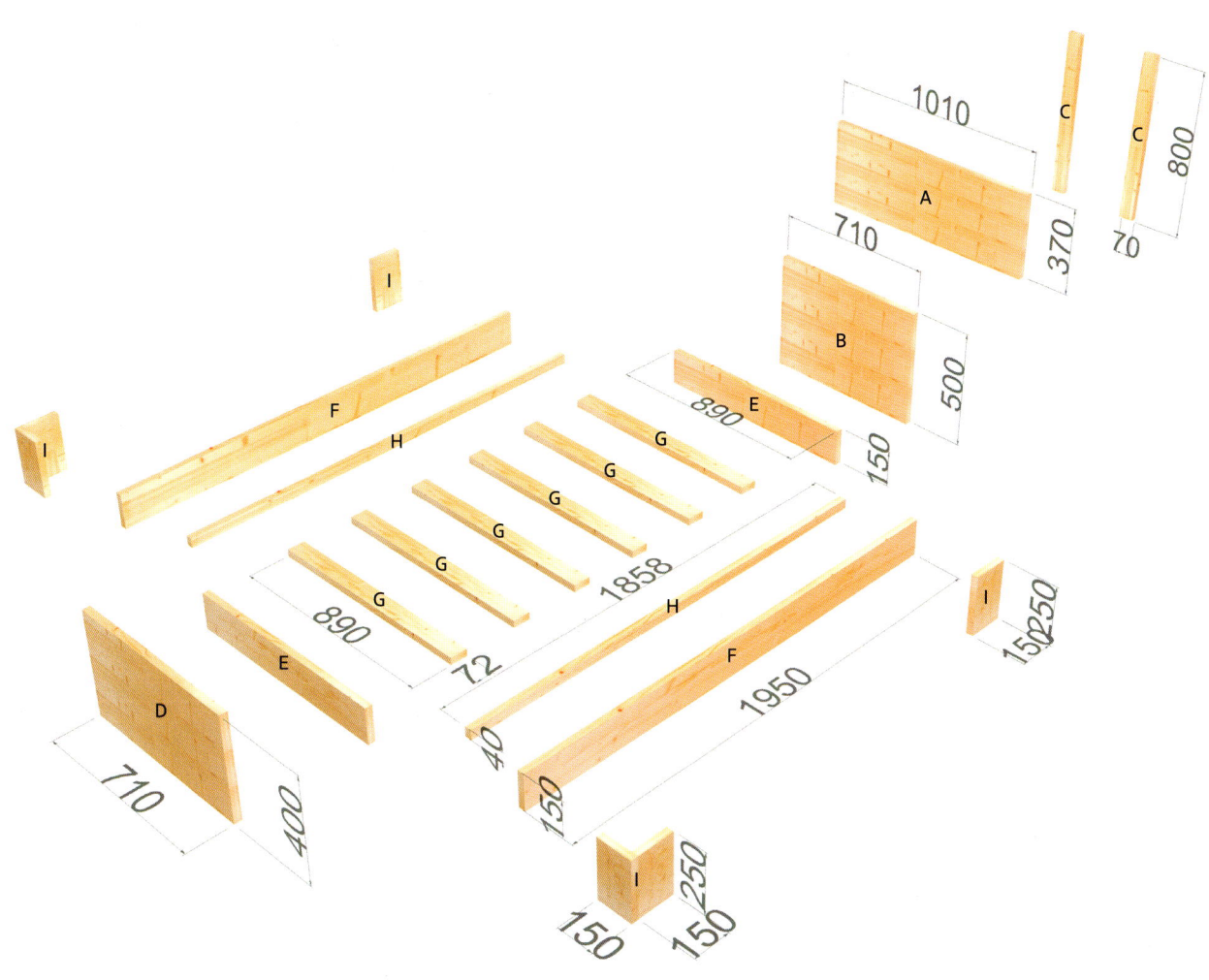

헤드보드 (레드파인 30mm)

A 상판 1,010 × 370 · 1개
B 바닥판 710 × 500 · 1개
C 세로보조목 800 × 70 · 2개

풋보드

D 풋보드 710 × 400 · 1개

본체

E 헤드/풋쪽 프레임 890 × 150 · 2개
F 침대협 1,950 × 150 · 2개
G 갈비살대 890 × 72 · 6개
H 협보조목 1,858 × 40 · 2개
I 다리 250 × 150 · 6개

부자재

나사 4 × 50 · 150개
나무못 8 × 40 · 50개

본체와 다리 기둥 만들기

01 치수에 맞춰 재단된 목재를 'ㄱ'자 형태로 조립한다. 모서리마다 각 세 개의 나사못을 조여 다리를 만들어 준다.

02 침대 프레임을 만든다. 짧은 변에 긴 변을 대고 나사못을 이용해 조립한다.

03 본체 프레임에 만들어진 다리 기둥을 각각 부착한다. 프레임 바깥쪽으로 기둥을 대고, 안쪽에서 기둥을 향해 나사못을 박는다.

Tip

침대 사이즈 결정은 이렇게

침대에 누워서 자는 사람의 입장에서, 침대의 가장 중요한 부분은 매트리스다. 침대가 편안한가를 결정하는 것은 바로 매트리스이기 때문.

반면 만드는 사람 입장에서는 성능보다는 사이즈와 두께다. 표준 사이즈는 표와 같고, 매트리스 두께는 다양한 편이다. 보통 150~180mm 정도를 쓰지만, 최근 두꺼운 것을 찾는 이가 많아 230mm 짜리도 있다. 매트리스가 두꺼우면 헤드보드나 풋보드를 가리게 되는 문제점이 생길 수 있으니, 신중히 생각 후 디자인을 결정한다.

표준 침대 사이즈 (단위: mm)

표준명칭	폭	길이
Single	1,000	2,000
Super Single	1,100	2,000
Double or full	1,350	2,000
Queen	1,500	2,000
King	1,600	2,000

하중을 지지하는 가로살 대기

04 프레임의 긴 변 안쪽에 가로살을 앉힐 지지대를 부착한다. 같은 길이지만, 폭은 짧은 목재 지지대를 대고 나사못을 이용해 연결한다.

05 침대의 머리쪽과 발쪽에 목재판을 부착한다. 다리가 닿는 바닥부분까지 판을 대고 안쪽에서 바깥쪽으로 나사못을 연결한다.

06 특히 침대 머리쪽에는 디자인을 위해 헤드 좌우에 긴 목재를 따로 부착한다. 중심판에서 같은 간격을 떼고 나사못을 이용, 안쪽에서 바깥쪽으로 연결한다.

07 매트리스를 올려 둘 가로살 작업. 일정한 간격을 두고 6개의 각재를 지지대에 부착한다.

헤드 부분 디자인과 페인팅

08 헤드 부분에 세로로 긴 각재를 덧댄다. 이는 높은 머리판을 부착하기 위한 선작업이다.

09 헤드 위쪽으로 머리판을 부착한다. 디자인을 위해 아래판과 일정한 간격을 두고 띄어줘야 하며, 쿠션 등을 세워둘 수 있을 정도 높이로 제작한다.

10 침대가 완성되면 도장 전 #220 사포로 가볍게 샌딩한 후, 표면에 먼지나 이물질을 닦아내고 면 헝겊이나 브러쉬를 이용해 젤스테인을 바른다.

11 바르고 5분이 지난 후, 헝겊으로 표면에 남은 스테인을 깨끗이 닦아내야 얼룩이 생기지 않는다. 표면 건조 후 재도장한다.

Close Up

도장에 쓰인 젤스테인은 기존 목재에 바르는 스테인들과 달리, 한 번 사용으로 전후 과정을 모두 생략할 수 있어 간편하다. 사용 전 필요에 따라 유성컨디셔너를 사용하는 경우도 있지만, 젤스테인 하나만으로 프라이머와 도장 후 무색 코팅 도료제 역할도 같이 한다.

가구 컬러 선택의 기준

 생글생글 웃음을 머금은
옐로우

신경계와 심장, 근육을 강화시키고 신장과 간을 자극하며 원활한 배설작용을 돕는다.

- 원목가구의 공간 + 밝은 옐로우
  = 소박하면서도 따뜻한 분위기
- 부드러운 옐로우 + 옐로우 그린, 밝은 블루
  = 안락하고 편한 가족적인 공간
- 원색 옐로우 + 레드, 블루
  = 재미있고 경쾌한 공간, 창의력 증대
- 화려한 골드 포인트 + 레드와인, 네이비블루, 블랙
  = 고급스럽고 화려한 느낌

 자연의 컬러
블루

혈압을 낮추고 감정을 느긋하게 만든다.
시신경의 피로회복, 불면증, 합리적 사고에 효과적이다.

- 스카이블루 + 화이트
  = 쾌적하고 시원한 공간, 시각적으로 넓어 보임
- 스카이블루 + 밝은 옐로우, 그린
  = 산뜻하고 아늑한 휴식 공간
- 짙은 블루(네이비블루, 군청 등) + 화이트, 레드
  = 세련되고 모던한 분위기

 생글생글 웃음을 머금은
핑크

로맨틱한 분위기를 연출하여 감성을 풍부하게 하며, 기분을 좋게 한다.

- 지루하고 개성 없는 공간 + 로즈핑크
  = 시선을 끄는 감각적인 인테리어
- 테이블 or 식탁 + 로즈핑크
  = 달콤함과 새콤함이 느껴진다, 식욕 자극
- 옅은 누드 핑크 계열
  = 따뜻하고 소박한 공간

 강렬하고 고급스러운
레드

에너지와 활력을 주는 컬러로 혈액순환을 촉진하며 헤모글로빈 형성에 도움을 준다.

- 지루한 화이트 계열 공간 + 포인트로 레드 사용
  = 모던한 감각과 생동감이 느껴짐
- 원목가구 + 오렌지 레드 + 밝은 옐로우
  = 대담하면서도 따뜻함이 살아 있는 공간 연출
- 강렬한 레드와인 + 화려한 골드
  = 고급스러우면서도 역동적인 분위기

 우아하고 순수한
화이트

인테리어에 사용할 때에는 차갑게 느껴질 수 있으니 주의한다.
예민한 사람들에게는 두통과 신경질을 유발할 수 있다.

- 화이트 + 옐로우, 그린, 연핑크
  = 쾌적, 아늑한 공간
- 화이트 + 블랙, 네이비 블루
  = 전문적인 느낌
- 아이보리 컬러
  = 부드럽고 고급스러움, 심플한 우아함과 품위

 클래식한 공간 연출
블랙

세련되고 클래식한 이미지이지만, 잘못 사용하면 심신을 피로하게 하고 불안감, 우울증을 유발한다.

- 블랙 + 화이트, 그레이
  = 심플하고 현대적인 분위기
- 블랙 + 브라운 + 골드, 레드 포인트
  = 카리스마 있는 클래식한 공간
- 블랙 + 골드
  = 화려하고 고급스러운 인테리어

10

Dressing Table

갤러리 화장대

소요시간 **12시간**
난이도 **중**

산뜻한 원색의 화장대를 만들어보자. 거울에는 갤러리 문짝을 달아 펼쳤다 접을 수 있게 만들어 다양한 연출이 가능하다. 상판 아래에는 서랍 두 개를 달아 수납을 늘리고 흰색과 파랑, 빨강 페인트로 화려함을 더한다.

Sense Up

01 화장대는 책상과 달리 디자인 면을 신경써야 한다. 정면으로 보이는 프레임은 부드럽게 곡선을 넣어주고, 서랍도 너무 크지 않게 해 악세사리 등을 보관하게 한다.

02 화장대 거울 앞에 갤러리창을 달면, 가끔 문짝을 닫아 색다른 가구 분위기를 만들 수 있으며, 거울로 비치는 지저분한 실내 공간을 감출 수 있다.

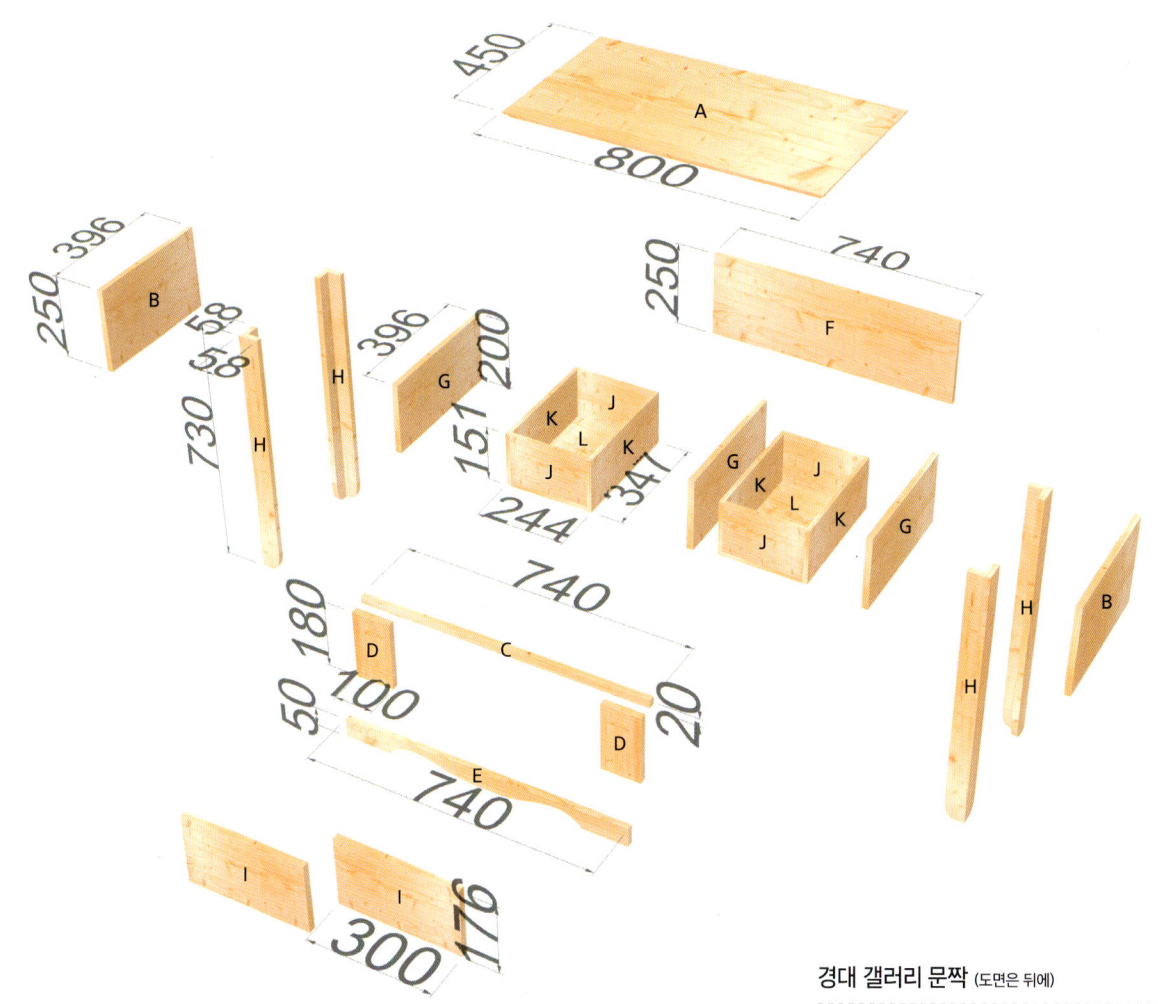

화장대 본체

A 상판 800 × 450 · 1개
B 측판 396 × 250 · 2개
C 상판 740 × 20 · 1개
D 앞판 100 × 180 · 2개
E 앞판 740 × 50 · 1개
F 뒤판 740 × 250 · 1개
G 내부프레임 396 × 200 · 3개
H 다리 730 × 58 · 4개
H 다리 730 × 40 · 4개

서랍 (시더 12mm)

I 상판 (스프러스 18mm) 300 × 176 · 2개
J 앞뒤판 220 × 139 · 4개
K 측판 347 × 151 · 4개
L 바닥판 347 × 220 · 2개

경대 본체 (스프러스 18mm)

상하프레임 600 × 59 · 2개
양옆프레임 622 × 60 · 2개
뒤판 (미송합판 5mm) 600 × 741 · 1개

경대 갤러리 문짝 (도면은 뒤에)

상하프레임 300 × 40 · 4개
양옆프레임 661 × 47 · 4개
갤러리가로살 (레드파인 30mm) 202 × 7 · 48개
갤러리세로살 (레드파인 24mm) 645 × 8 · 4개
갤러리상하막음목 (스프러스 24mm) 206 × 8 · 4개
뒤쪽상하프레임 250 × 25 · 4개
뒤쪽양옆프레임 741 × 25 · 4개

부자재

손잡이 1구 35mm 손잡이 나사 4개 포함 · 4개
나사 4 × 50 · 100개
나사 4 × 30 · 50개
나무못 8 × 40 · 50개
철 레일 길이 400, 12mm 금색 나사 40개 포함 · 2조
나비 경첩 12mm 금색 나사 24개 포함 · 4개

갤러리 거울 문짝 만들기

01 거울 앞에 양쪽으로 열고 닫는 문을 만들기 위해 갤러리 살이 들어갈 두개의 프레임을 만들어야 한다. 나사못으로 연결해 가운데가 빈 사각 프레임을 만든다.

02 갤러리용 창살과 구멍이 뚫린 고정대는 기성품으로 판매하고 있다. 적당한 개수를 세어 홈에 살을 끼워 맞춘다.

03 문짝 프레임 안에 완성된 갤러리 살을 끼워 맞춘다. 밖에서 안쪽으로 나사못을 이용해 고정시킨다.

04 문짝 뒷면에서도 바깥쪽으로 나사못으로 한 번 더 고정한다.

05 원목 손잡이를 문짝 두 쪽에 모두 부착한다. 드릴로 구멍을 뚫고 손잡이 나사못으로 고정시킨다.

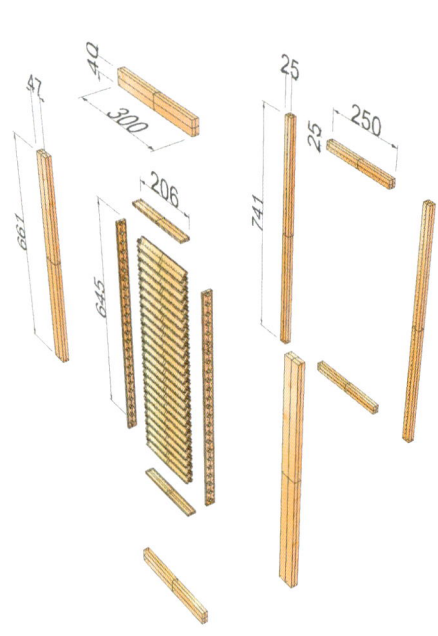

다리 만들어 본체에 조립하기

06 끝이 라운딩된 긴 판재를 'ㄱ'자 형태로 조립해 다리를 미리 제작한다. 이는 가장 간단한 다리 연결방법으로 4개를 똑같이 만든다.

07 화장대 정면으로 보이는 책상 앞면을 만들기 위해 연필로 무늬를 그리고 직소로 따내는 작업이다.

08 도면에 맞춰 재단된 목재판을 연결하면 화장대의 책상 본체가 만들어진다.

09 미리 만들어 둔 4개의 다리를 본체에 연결한다. 다리를 안쪽으로 조립해 나사못을 안에서 밖으로 박는다.

본체에 서랍 공간 만들기

10 서랍이 들어가고 남는 사이드 공간을 위해 가로막을 댄다. 서랍 폭을 본체 폭보다 작게 디자인했으므로 필요한 작업이다.

11 두개의 서랍을 구분짓는 가로막을 부착한다.

12 상판은 메탈 클립을 이용해 고정시킨다. 메탈 클립은 프레임과 상판을 연결할 때 사용하며, 상판의 수축과 팽창에도 책상이 뒤틀리지 않도록 잡아주는 역할을 한다.

13 서랍이 들어갈 수 있도록 레일을 본체 안쪽에 부착한다.

서랍 만들어 달기

14 치수에 맞춰 재단한 목재를 나사못으로 연결해 두 개의 서랍박스를 만든다.

15 서랍 양쪽 하단에 'ㄱ'자 철 레일을 부착한다.

16 서랍 앞판을 부착한다. 나사못을 이용해 안에서 밖으로 고정시킨다.

17 화장대 손잡이는 아이언 재질로 달았다. 드릴로 구멍을 내고, 손잡이 나사로 단단하게 고정시킨다.

갤러리 경대 조립하기

18 거울을 끼우게 될 프레임을 제작한다. 재단된 판재를 사각으로 나사못을 이용해 연결한다. 뒷면에는 합판을 부착한다.

19 갤러리 문짝을 프레임에 연결한다. 경첩을 이용하는데, 우선 위치를 따져 드릴로 구멍을 낸다.

20 나비 경첩을 문짝과 프레임에 나사못을 이용해 고정시킨다.

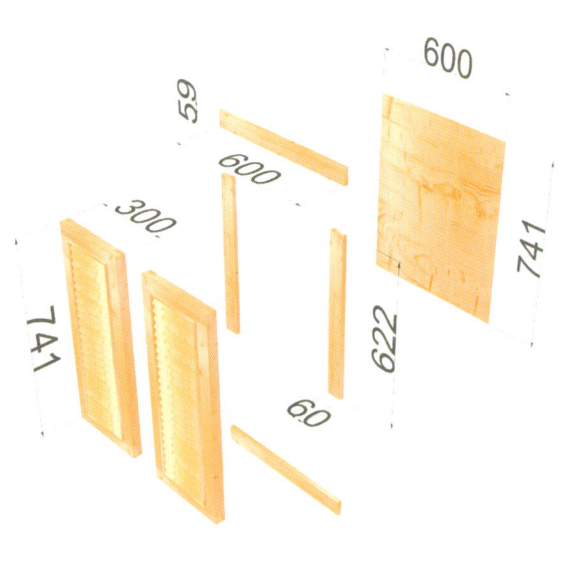

21 서랍을 넣고 갤러리거울을 올려두면 화장대 완성.

우드스테인 바르기

22 페인팅을 위해서 갤러리거울과 서랍을 분리하고 사포질을 꼼꼼히 한다. 우드스테인 작업을 위해 미리 프리스테인을 바른다.

23 마르기 전에 면 헝겊을 이용해 뭉친 부위를 펴서 고루 흡수되도록 한다.

24 파란색 우드스테인으로 갤러리 창 부위를 바른다. 스펀지 붓으로 갤러리 살 안쪽까지 꼼꼼하게 발라준다. 이후 바니쉬로 마무리한다.

11

Round Antique Table

원형 앤틱 테이블

소요시간 **5시간**
난이도 **상**

앤틱한 분위기의 화이트 원형 테이블은 내추럴 인테리어에 빠질 수 없는 아이템이다. 정갈하고 깔끔한 디자인의 테이블은 침실의 분위기를 한층 돋보이게 하는 포인트 가구로도 제격이다.

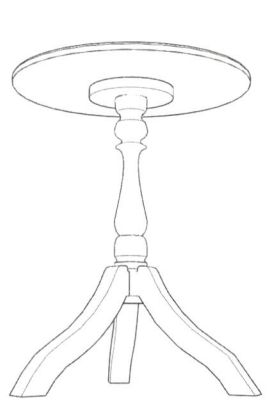

Sense Up

01 테이블의 기둥은 직접 만들기가 까다로우므로 모양을 비교적 세밀하게 스케치한 뒤, 공방에 가공을 의뢰하거나 기성품을 구입해도 좋다.

02 원형 테이블의 다리 모양은 기둥만큼 중요하다. 곡선이 많을수록 재단이 까다롭긴 하지만, 앤틱한 느낌의 테이블을 만들기 위해서는 곡선이 살아나는 다리는 필수다.

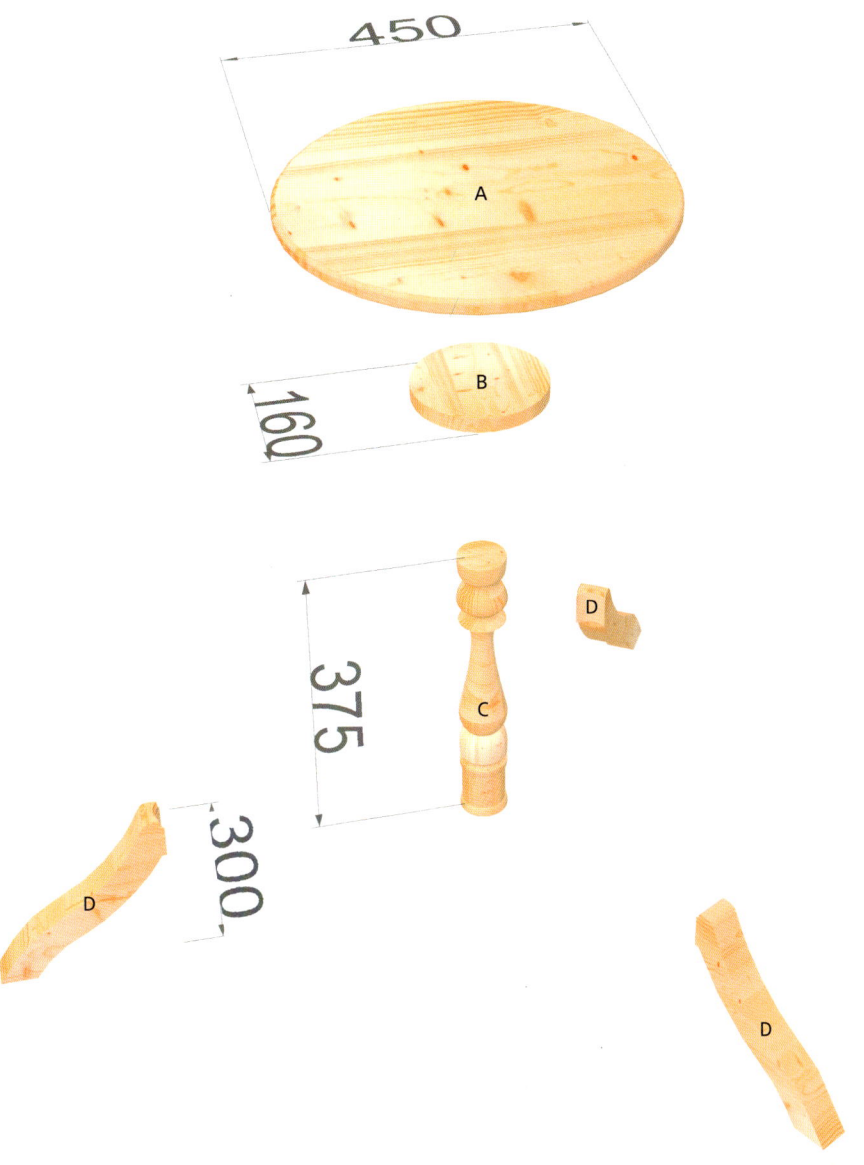

본체 (스프러스 18mm)

A 상판 450(지름) · 1개
B 보조판 160(지름) · 1개
C 기둥 (미송 60각) 375(높이) · 1개
D 다리 (레드파인 30mm) 300 × 70 · 3개

부자재

나사 4 × 50 · 30개
나사 4 × 30 · 20개
나무못 8 × 40 · 20개

상판, 다리 부분 재단하기

01 상판과 상판 아래 부분을 지지할 받침대를 원목에 직접 스케치한다. 받침대는 원형 상판의 1/4 정도 크기의 원형으로 그린다.

02 직소를 이용해 그려진 부분을 자른다. 원형이므로 서두르지 말고 천천히 각을 맞춰 작업해야 제대로 재단할 수 있다. 이후에는 트리머로 모서리를 부드럽게 정리한다.

03 원하는 다리의 모양에 따라 목재에 스케치 한 뒤, 직소를 이용해 재단한다. 곡선을 제대로 살리기 위해서는 재단 후에 반드시 사포를 이용해 모서리를 둥글게 샌딩해야 한다. 다리 3개를 같은 방법으로 재단한다.

04 몸체 기둥이 원형이므로 다리를 기둥에 고정하기 전에 다리 윗부분을 몸체 모양에 맞춰야 한다. 줄을 이용해 둥글게 홈을 파내도록 한다.

본격적인 테이블 제작

05 테이블의 기둥과 상판 지지대를 고정시킨다. 위에서 아래로 박아주는데 중간에는 50mm 나사못을 사용하고 양옆은 못이 튀어나올 수 있으므로 30mm 나사못을 이용한다.

06 지지대 위로 상판을 올려 고정시킨다. 가구를 거꾸로 눕힌 뒤에 상하 좌우로 30mm 나사못을 박아 튼튼하게 고정시킨다.

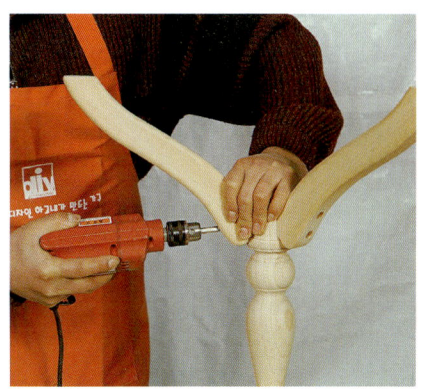

07 다리와 기둥을 고정시킨다. 50mm 나사못으로 위아래 두 군데씩 박아 부착한다. 다리가 총 3개이므로 테이블의 안정감을 위해서 각 다리 사이를 120°로 맞춰 배치한다.

08 못을 박은 부분이 외부로 노출되면 보기에 좋지 않기 때문에 나무못을 이용해 박는다. 나무못은 외부로 약간 노출시킨 뒤 끝을 사포로 문질러 둥글고 부드럽게 연출한다.

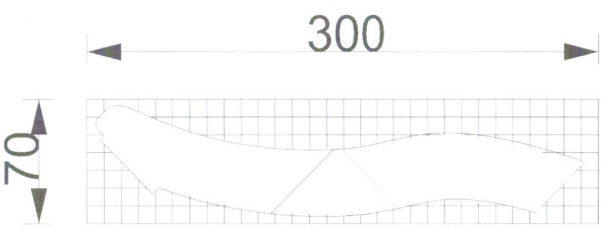

페인트 칠하기

09 페인트를 칠하기 전 #220 사포를 이용해 골고루 문질러준 뒤, 하얀색 아크릴 페인트를 나뭇결대로 발라준다. 나뭇결을 살리기 위해서는 너무 두껍게 바르지 않는 것이 좋다.

10 페인트가 마른 다음, 모서리 부분과 면을 골고루 사포질한다. 너무 세게 하면 칠이 벗겨질 수 있으므로 부드럽게 문지른다.

11 앤틱한 느낌을 주기 위해서 갈색 톤의 젤스테인을 모서리 부분에 발라준다. 자연스러운 느낌을 위해 헝겊에 묻힌 젤스테인이 거의 남지 않은 상태로 칠한다.

12 취향에 따라 스텐실로 가구에 모양을 낸다. 스텐실 붓에 아크릴 물감을 묻혀 살살 찍어내거나 문질러 주는데, 자연스러운 색을 위해서는 물감을 많이 사용하지 않는 것이 좋다.

13 스텐실 한 부분이 마르면, 마지막 단계로 바니쉬를 골고루 발라 마무리한다. 바니쉬를 바를 때는 일정한 한 방향으로 발라야 결이 고르게 된다.

스텐실로 가구에 모양내기

글자를 찍는다는 의미로 유래된 판화 기법의 일종이다. 즉, 원하는 무늬를 두꺼운 종이나 필름에 옮겨 그려 칼로 오려 낸 후 천이나 종이, 나무 등에 올려 놓고 아크릴 물감을 사용하여 통통하고 끝이 평평한 스텐실 붓으로 두드리거나 문지르듯이 돌려가며 찍어 낸다. 스텐실의 가장 큰 장점은 종이나 천, 나무나 벽 어디건 그 소재를 가리지 않는다는 점으로 헌 가구를 리폼해서 사용하는 것이 유행인 요즘 더욱 각광받고 있다.

스텐실로 모양을 낼 때, 틀은 원하는 디자인을 필름지 등에 그려 잘라낸 뒤 사용하면 간편하며, 레이스 등 다양한 재료의 사용도 가능하다. 아크릴 물감이나 스텐실 물감, 스텐실 붓이나 스폰지를 이용해 작업할 수 있으며, 마스킹테이프 등으로 고정시키는 것이 작업에 편리하다. 은은한 컬러로 문양을 내기 위해서는 붓과 스폰지에 묻힌 물감을 최대한 닦아낸 다음에 두드려 주거나 원을 그리며 문지르면 된다. 짙은 컬러를 낼 경우에도 물감을 묻힌 뒤 키친 타올이나 헝겊에 닦아내는 것을 반복해야 나중에 번지지 않는다. 그러데이션을 줄 경우, 테두리와 겹치는 부분은 더 진하게 스텐실해서 명암을 넣어 주면 보다 입체적인 그림이 완성된다.

사포하기

나무는 스텐실에 많이 사용되는 소재이다. 나무색을 그대로 내고 싶을 땐 나무를 먼저 부드럽게 사포한다. 사포를 하는 이유는 나무의 표면이 거칠면 물감이 잘 먹지 않고, 깔끔한 무늬를 그릴 수 없기 때문이다.

전체 바탕 칠하기

❶ 나무 전체에 페인팅을 해 나무의 색을 바꾼 후 스텐실 할 경우에는 페인트에 물을 전혀 섞지 않고 두 번 정도 칠한 후 드라이기로 잘 말린다.

❷ 말린 후 고르지 못하거나 덧칠된 부분은 사포에 물을 묻힌 후 약간의 물기만 털어내고 부분 물사포를 하고 잘 말린다. 사용한 사포를 재사용 시 사포질이 되지 않으므로 1~2회만 사용한다.

❸ 물 사포 후 말린 다음 물감과 물을 7 : 3 비율로 섞는데, 농도는 붓으로 지나갈 때 그 길이 서서히 흐트러질 정도여야 한다. 섞은 물감을 우로 1회 전체 칠하고 난후 말리고, 다시 좌로 1회 전체 칠하는 과정을 3~4회 정도 반복하면 바탕이 깔끔하게 된다. 말릴 때 드라이기를 써도 무방하다.

무늬 넣기

❶ 컷팅된 필름을 원하는 위치에 붙이고 마스킹테이프로 반제품과 필름이 뜨지 않도록 잘 붙이는데, 중앙 안쪽 같은 곳은 테이프를 말아서 접착시킨다.

❷ 나무에 스텐실할 때는 원을 그리는 기법과 두드리는 기법이 있다.

급히 수정이 필요할 때

나무 반제품에 작업할 경우 물감을 닦지 않았거나, 필름 부착이 잘못되어 물감이 번지거나, 닦지 않아 통째 묻었을 경우엔 물감이 마르기 전 종이 타올에 물을 충분히 적셔 살살 닦아낸 후 말려서 다시 스텐실 할 수 있다.

마무리

컷팅 필름을 뜯어낸 후 마스킹테이프로 작품에 남아 있는 물감의 가루와 기타 먼지를 문지르듯 닦아낸다. 색이 변하는 것을 막고 실생활 인테리어에 적용하기 위해선 목재용 마감재인 바니쉬를 2~3번 정도 발라 마무리를 해야 비로소 완전히 실생활에 적용할 수 있는 목재용 인테리어 소품이 탄생한다.

12

Hard Consol

키 큰 콘솔

소요시간 **6시간**
난이도 **상**

폭이 작지만 키가 높은 콘솔은 침실이나 복도 끝에 배치하면 세련된 인테리어가 시작된다 벽면과 어울리는 색으로 칠하고, 그 위에 작은 화병이나 액자를 두면 손쉽게 공간을 연출할 수 있다.

Sense Up

01 다리에 홈을 파서 프레임으로 연결하면, 외부로 못 자국이 나지 않는 깔끔한 기둥을 만들 수 있다.

02 본체와 다리를 직접 연결하지 않고, 덧댐 목재를 사용하게 되면 뒤틀림이 덜하고 더 튼튼한 가구를 만들 수 있다.

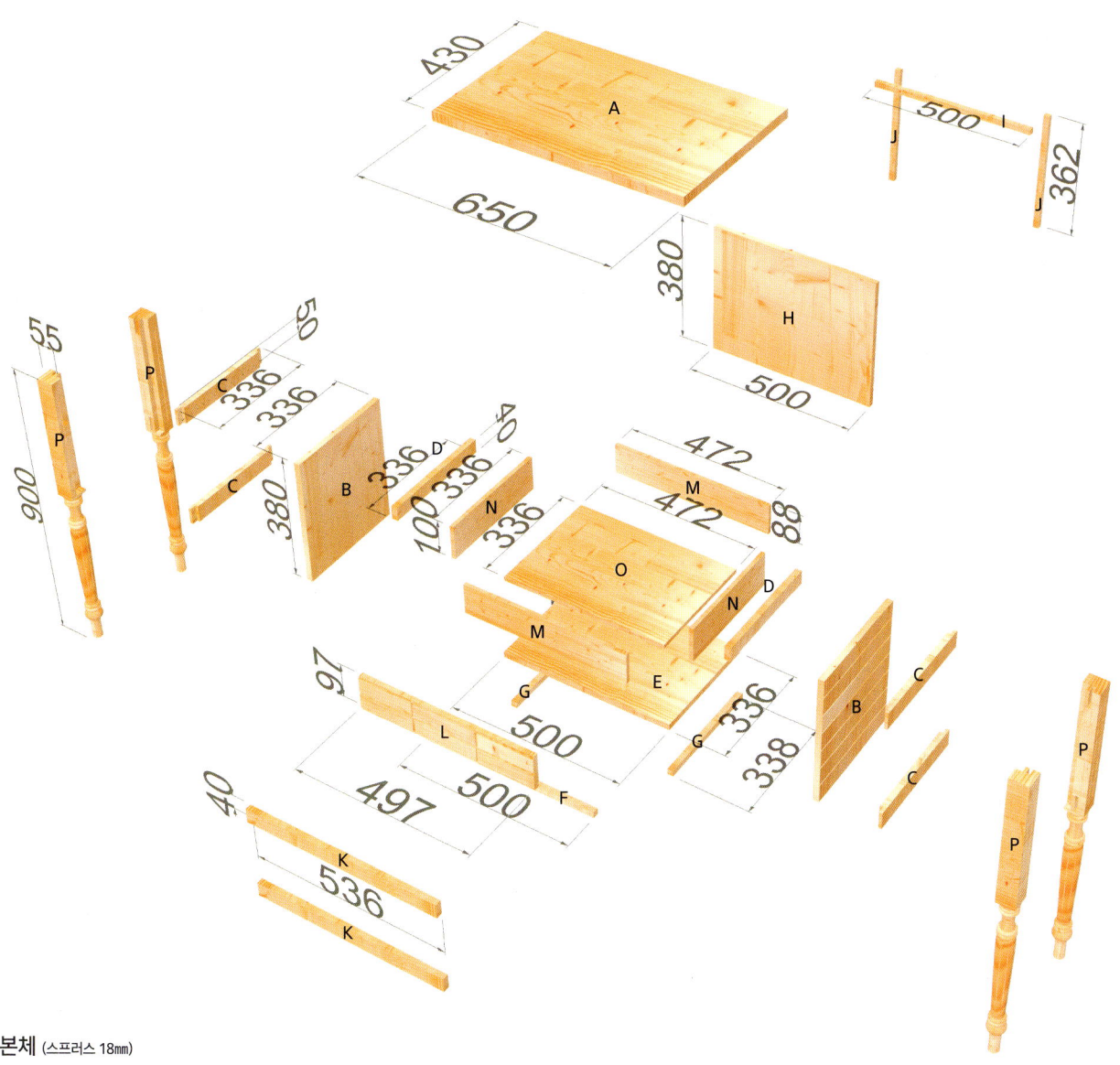

본체 (스프러스 18mm)

A 상판 650 × 430 · 1개
B 측판 380 × 336 · 2개
C 측판보조목 336 × 50 · 4개
D 측판보조목 336 × 40 · 2개
E 바닥판 500 × 336 · 1개
F 바닥판보조목 500 × 18 · 1개
G 바닥판보조목 338 × 18 · 2개
H 뒤판 500 × 380 · 1개
I 뒤판보조목 500 × 18 · 1개
J 뒤판보조목 362 × 18 · 2개
K 앞보조목 536 × 40 · 2개

서랍 (시더 12mm)

L 앞판 (스프러스 18mm) 497 × 97 · 1개
M 앞뒤판 472 × 88 · 2개
N 옆판 336 × 100 · 2개
O 밑판 472 × 336 · 1개

다리

P 다리 (미송 55각) 900(길이) · 4개

부자재

손잡이 1구 35mm 손잡이 나사 2개 포함 · 1개
나사 4 × 50 · 100개
나사 4 × 30 · 50개
나무못 8 × 40 · 50개
철 레일 길이 330mm, 12mm 금색 나사 8개 포함 · 2개

네 개의 다리 연결하기

01 기성품으로 나오는 다리 기둥 4개를 준비한다. 직선형에 홈으로 된 무늬가 있는 다리와 곡선형의 우아한 다리 등이 있는데, 취향에 맞춰 선택한다. 4개의 다리는 홈을 파서 연결한다. 도면에 맞춰 다리 하나에 2개씩 전동드릴로 홈을 판다.

02 홈 사이즈에 맞는 작은 라운딩각재를 본드를 이용해 삽입한다. 이 작은 각재가 다리를 연결하는 프레임과 연결된다.

03 브리지 각재에도 다리와 같은 크기의 홈이 나 있다. 이러한 방식은 외부로 나사못 자국이 남지 않아 간결한 가구를 만들 수 있다.

04 다리 기둥 4개를 세워 각각을 연결한다. 정면에는 윗서랍을 지지해 줄 수 있는 가로대를 하나 더 연결하면 기본 뼈대가 완성된다.

본체 박스 만들기

05 바닥판과 옆판을 이어 붙여 'ㄷ'자 형태를 만든다. 본체 박스는 다리와 연결시켜야 하는데, 이때 역시 못자국을 숨기기 위해 박스 밑면에 각재로 지지대를 덧대준다.

06 본체 박스를 다리 아래 면에서 위 방향으로 집어 넣는다. 이로써 콘솔 바닥과 옆면이 이루어진다.

07 덧댄 지지각목 부위에 나사못을 연결해 다리와 본체박스를 고정시킨다. 안에서 밖으로 나사못을 박기 때문에 외부에서 노출되지 않는다.

장부 연결하는 비결

장부(촉)의 길이

장부촉은 구멍의 깊이보다 2~3mm 짧게 만든다. 구멍이 20mm의 깊이라고 하면, 18mm 정도 만드는 것이 적당하다.

이 틈으로 접착제가 들어가게 된다. 전혀 틈새가 없으면, 접착제 때문에 장부촉이 끝까지 들어가지 않게 될 수 있다.

장부(촉)의 두께

장부의 두께는 구멍과 같게 한다. 너무 두꺼우면 장부를 박는 순간 장부 구멍 쪽 나무가 쪼개질 수 있고, 너무 얇으면 접착제의 밀착성이 나빠져 강도를 확보할 수 없고 구멍 안에서 촉이 흔들리게 된다.

장부촉 끝을 비스듬하게 찔러 넣었을 때, 매끄럽게 들어가 흔들리지 않을 정도로 조정한다. 종이 한 장 두께의 틈새 정도로 한다.

장부(촉)의 폭

구멍의 길이보다 약간 크게 만드는 것이 좋다. 나무 종류에 따라 다르겠지만, 침엽수류는 1mm 정도, 오크 등 딱딱한 나무는 0.5mm 정도, 또 메이플 등 한층 더 딱딱한 종류는 0.3mm 정도로 한다.

장부촉이 장부 구멍보다 약간 크면, 박힐 때 압축되었다가 구멍 내부에서 접착제의 수분을 들이마시면서, 다시 팽창하게 된다. 이로써 구멍 안에서 촉이 단단히 물어지게 되고, 접착제가 굳으면서 더욱 강하게 연결된다.

본체에 서랍 공간 만들기

08 측면 역시 고정시키기 위해 외부에 각목을 덧대고 나사못으로 다리와 연결한다.

09 측면 안쪽으로 서랍이 걸리는 부분 위로 각목을 덧댄다.

10 콘솔의 상판을 대고 다리 부위와 연결한다. 다리 기둥 상부가 두꺼우므로, 나사못은 사방형으로 4개씩 박는다.

11 상판을 아래에서도 고정시키기 위해 각목을 덧대고 다시 한 번 나사못으로 연결한다.

서랍 만들어 부착하기

12 서랍을 만들기 위해 사각 박스를 나사못으로 조립한다.

13 'ㄱ'자 철 레일을 모서리에 부착한다.

14 서랍 앞판은 마음에 드는 문양을 낸다. 여기선 기계로 홈을 파서 격자 무늬를 만들었다. 이 부분은 추후 페인팅 기법으로 무늬를 내도 좋다.

15 앞판을 본드와 나사못을 이용해 기본 서랍에 부착한다.

16 원목 원형 손잡이를 달아준다. 드릴을 이용해 구멍을 내고 손잡이 나사를 박는다.

페인팅

17 상판은 한 톤 어두운 브라운 계열로 전체적으로 중후한 느낌을 갖도록 한다. 페인트는 표면이 건조되면 재도장한다.

18 상판 부분만 색을 다르게 할 때는, 철저하게 테이프로 랩핑을 해줘야 한다. 테이프에 비닐이 부착되어 있는 전용 랩으로 상판 전체를 감싸고, 하단 부분 페인팅에 들어간다. 바질 색상의 밀크페인트로 칠하고, 건조 후 바니쉬 등으로 한 번 더 마감한다.

Tip

찍히거나 긁힌 부분 감쪽같이 보수하는 비법

❶ 못으로 긁혀 홈이 생긴 자국

긁혀서 칠이 벗겨진 부분에 가구 색과 같은 색의 그림 물감이나 사인펜, 또는 크레파스나 구두약으로 칠한 다음 잘 말린다. 칠이 완전히 마르면 마른 헝겊으로 잘 닦은 후 그 위에 왁스를 칠하거나 구두 광택용 크림을 바르고 다시 마른 헝겊으로 닦아낸다.

검은색 가구나 자개장에 흠이 생겼을 경우에는 약간의 인스턴트 커피에 물 한두 방울을 넣고 잘 개서 흠이 있는 부분에 땜질하듯이 바른다.

물기를 말린 후 물수건으로 자국을 고르게 해서 왁스칠을 해두면 깨끗해진다.

❷ 가구에 낙서를 지우는 방법

가구의 크레용 낙서를 지우려면 부드러운 천에 치약을 묻혀 닦으면 깨끗하게 지워진다.

❸ 가구의 패인 부분에 붙이는 메움제

가구가 패였을 때 염료를 바르는 대신 가구 보수제를 사용한다. 가구 보수제를 손으로 떼어낸 다음 패인 부분에 붙이고 결이 고운 연마지(400번 정도가 적당)로 가볍게 위아래, 가로세로 방향으로 문지른다. 가구 보수제는 '메꾸미'라고도 부르는데, 고무 같이 쉽게 뜯어지며 일반 보수상가에서 1,500원이면 살 수 있다.

※ 메움제 - 가구의 종류에 따라 연성, 무광경성, 유광경성 메꿈제를 사용한다. 흠집이 나서 파인 곳, 핀홀, 타카홀, 기포, 스크래치, 무늬목 터짐메움에 사용한다.

용도에 따른 여러 가지 쓰임의 대패

일반 용도의 대패

대패와 날의 크기에 따라 작업에 편리한 도구를 선택할 수 있다. 맨 왼쪽에 있는 것은 따로 날을 갈 필요가 없는 일회용 대패다.

특수 용도의 대패

한쪽 면만 다듬는다.

한 부분만 깊숙이 홈을 파준다.
이는 유리나 나무를 끼고자 할 때 하는 작업이다.

나무가 거칠게 패어 있는 홈을 고르게 다듬어 주어 간단한 작업을 유도한다.

깊이를 고려하여 45°등의 각도로 날을 조절하여 준다.

모서리를 둥글게 한다.

|←------ 공구 사용법부터 ------ 가구 제작까지 ------→|

02 목공 DIY

Part 2-3

서재 가구

13 미니 원목 사다리 Mini Wood Ladder
14 세로 책장 Bookcase
15 등받이 의자 Standard Chair
16 책꽂이 책상 Corner Desk
17 투톤 3단 서랍장 3 Drawer Cabinet
18 찻잔 전시 선반 Tea-cup Shelf

13

Mini Wood Ladder

미니 원목 사다리

소요시간 **3시간**
난이도 **하**

안전성과 실용성을 구비하고 선반 및 소품으로도 사용할 수 있는 활용도 200%의 사다리를 만들어보자. 특히 서재에서는 손이 안 닿는 높이의 책을 꺼낼 때 유용하게 쓰일 수 있으며 선반 역할도 할 수 있다.

Sense Up

01 사다리 아래 발판에는 따로 받침대를 두어 계단층의 안전성을 높임과 동시에 수납 공간으로도 활용할 수 있도록 만들었다.

02 장식용만이 아닌 실용성까지 갖춘 사다리를 만들기 위해서는 기둥의 각도가 무엇보다 중요하다. 각이 좁을 경우에는 경사가 급해 사다리용으로 사용하게 되면 위험하므로 15~20°정도로 작도하는 것이 좋다.

03 목재가 겹쳐지는 부분이 많을 경우에는 조립을 하기 전에 미리 페인팅을 해두는 것도 좋은 방법이다.

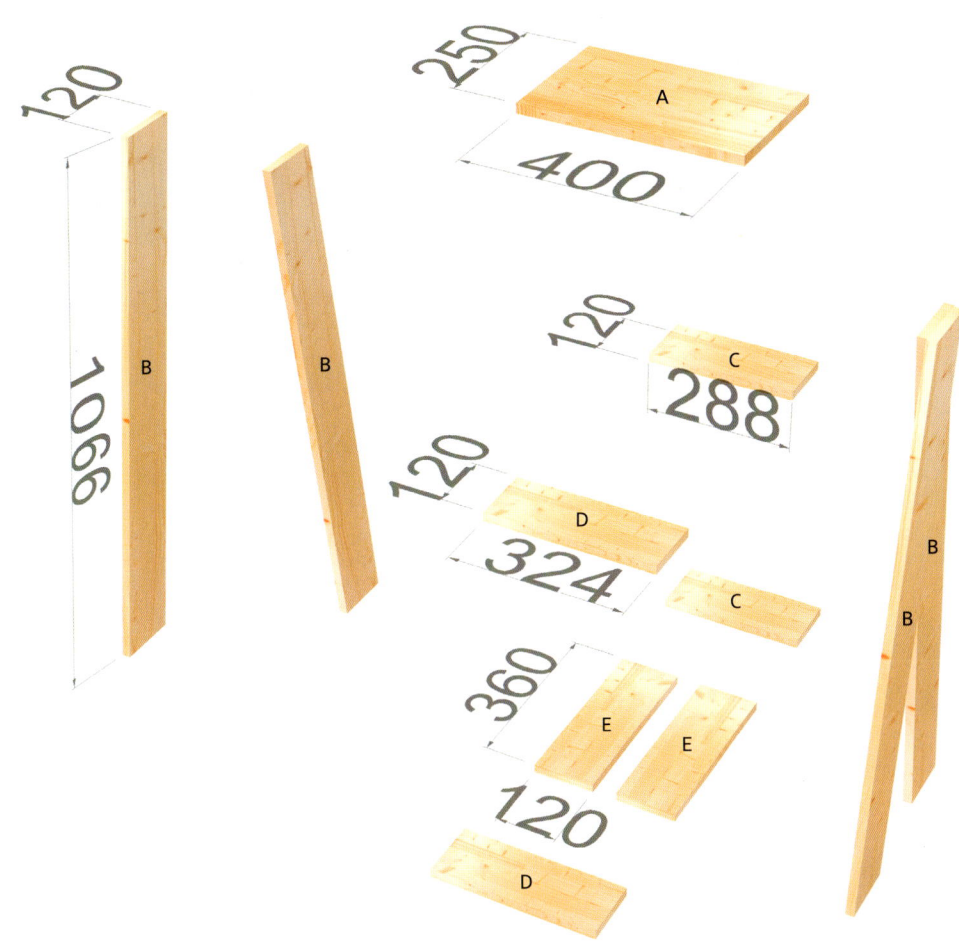

본체 (스프러스 15㎜)

A 상판 400 × 250 · 1개
B 다리 1,066 × 120 · 4개
C 받침대 288 × 120 · 2개
D 받침대 324 × 120 · 2개
E 보조목 360 × 120 · 2개

부자재

나사 4 × 50 · 50개
나사 4 × 30 · 30개
나무못 8 × 40 · 50개

사다리용 자재 준비

01 사이즈에 맞게 잘려진 기둥을 10°로 작도한다. 장식용보다 사다리로 자주 사용할 경우라면 20°로 작도하는 것이 효율적이다.

02 선반에 사용할 판재의 모서리를 트리머로 부드럽게 처리한다. 선반은 4면이 모두 외부에 드러나기 때문에 4면을 전부 트리머로 정리한다. 계단으로 사용할 발판 A, B는 외부에 보이는 한 면만 트리머로 정리한다.

03 목재의 모든 면을 매끄럽게 하기 위해 선반, 기둥, 발판 모두 샌딩 작업을 한다. 샌딩기를 이용하거나 #220 사포를 사용한다.

04 실내 장식용으로 사용할 경우에는 조립 전 천연페인트를 칠한다. 스펀지에 페인트를 묻혀 테두리를 먼저 칠한 다음, 앞뒤를 골고루 칠한다.

사다리 본체 만들기

05 목공 본드로 기둥을 먼저 고정하는 작업이다. 페인트가 마른 뒤 두 개의 기둥을 서로 맞대 목공 본드로 붙인다. 맞은편에 세울 기둥도 같은 방법으로 하는데, 붙이는 방향은 대칭이 되도록 한다.

06 본드로 붙인 기둥을 단단히 고정시키기 위해 전동드릴을 이용해 구멍을 뚫은 뒤 30mm 나사못으로 고정시킨다. 안전을 위해 역삼각형(∴) 모양으로 못을 박는다.

07 한쪽 기둥에 선반의 한 면을 전동드릴로 구멍을 뚫은 후에 50mm 나사못으로 고정시킨다. 구멍은 나무못으로 구멍을 막을 것을 계산해 조금 깊숙이 뚫는다.

08 발판 A를 기둥 사이에 두고 너비를 조절한 뒤 고정되지 않은 선반의 나머지 부분도 50mm 나사못으로 고정시킨다. 클램프로 단단히 고정하면 작업이 편리하다.

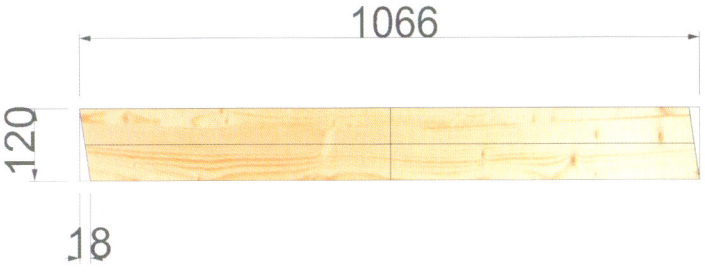

계단 용도의 발판 완성하기

09 사진과 같이 사다리를 눕힌 채로 발판이 들어갈 나무판을 대고 발판(A or B)을 선택해 50mm 나사못으로 고정시킨다.

10 맞은 편 계단 역시 나무판을 대고 같은 높이로 정확하게 조절한 뒤 50mm 나사못으로 고정시킨다.

11 앞서 사용한 나무판을 상부 발판에 대고 아래 발판도 같은 높이의 동일한 방법으로 각각 작업한다. 50mm 나사못을 두 군데씩 박아 고정시킨다.

12 준비된 가장 큰 발판은 아래 발판의 지지대로 사용하게 된다. 못 자국이 외부로 노출되지 않도록 아래쪽에서 30mm 나사못으로 고정한다.

13 선반과 기둥에 생긴 드릴 구멍에 우선 목공 본드를 넣어 준 뒤 나무못을 박아 구멍을 감쪽같이 막는다.

14 본드가 마른 후에는 남는 부분을 자른다. 나무못 부위를 자연스럽게 감추기 위해 붓을 이용해 페인트를 덧바른다.

15 깔끔한 마무리를 위해서 나무못의 주변을 #220사포로 문지른다. 너무 세게 문지르면 색이 벗겨질 수 있으므로 결을 정리한다는 생각으로 살살 작업한다.

Close Up

삐져나온 목공 본드 처리하기

목공 본드는 굳기 전에 닦아내면, 닦은 자국이 마르면서 투명해진다. 마른 다음 스크래퍼로 밀거나, 끌로 조곤조곤 쳐서 마른 본드를 밀어내는 방법도 있다.

필름 마감이나 유색 도장 마감일 때는 굴곡만 없도록 장갑으로 슬쩍 닦아도 되지만, 투명 도장이나 오일 마감일 때는 무조건 깨끗이 닦아야 한다. 투명 도장은 칠은 먹지만 색이 이상하게 나오고, 오일 마감은 오일 자체가 먹지 않는다. 걸레로 닦고 칫솔에 물을 묻혀 가면서 닦고 그 다음 마른 걸레로 닦는 과정을 거친다. 마른 다음에 처리를 하면, 본드가 나무에 흡수되기 때문에 오일이 잘 발리지 않는다. 흡수된 나무층까지 모두 깎아내면 나무가 움푹 들어가 완성도가 떨어진다.

14
Book-case

세로 책장

소요시간 **4시간**
난이도 **하**

수많은 종류의 가구들 중에서 필수 품목으로 손꼽히는 것이 있다면 그것은 바로 책장이다. 어느 집에서건 하나 정도는 갖추고 있을 정도로 유용한 아이템으로, 만드는 방법 역시 간단해 누구나 손쉽게 도전해 볼 만하다.

Sense Up

01 중량감이 큰 책들을 수납할 곳이므로 무엇보다 견고함이 고려되어야 하니 반드시 긴 나사못을 이용해 꼼꼼히 박아주도록 한다.

02 선반의 정확한 수평도가 중요하므로, 선반 작업 시에는 양 쪽으로 같은 높이의 합판을 세운 뒤 고정시킨다.

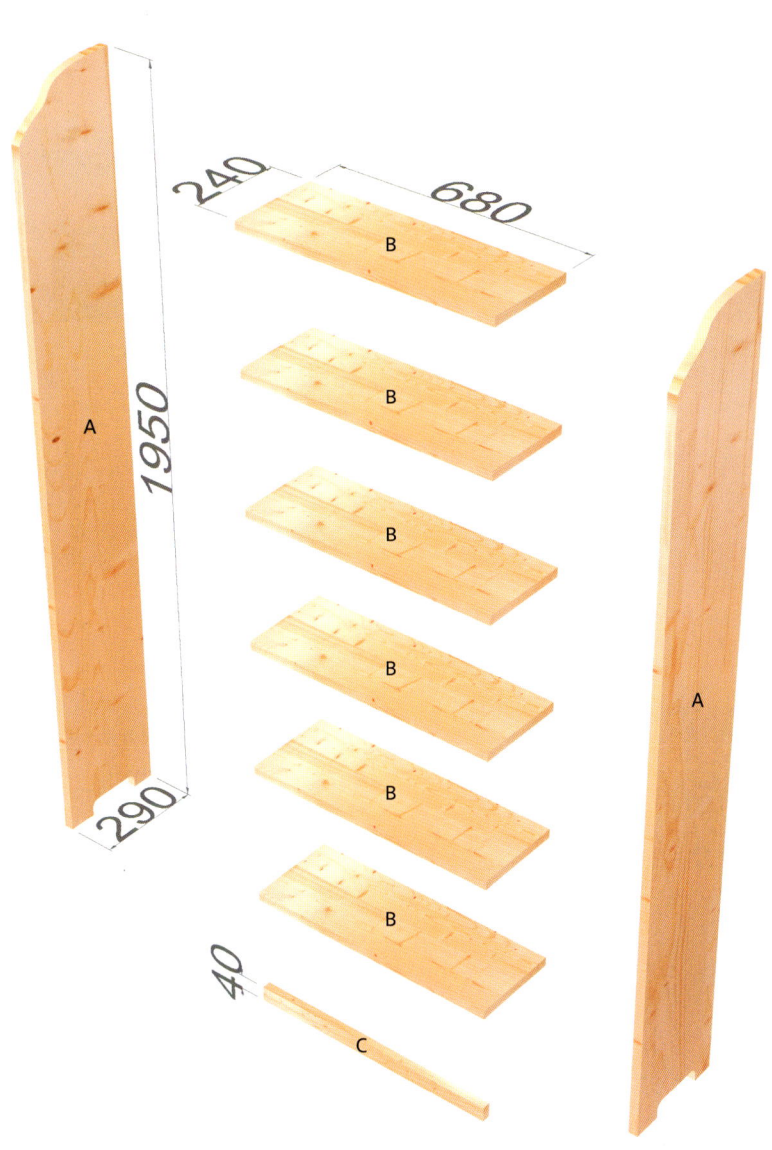

본체 (스프러스 18mm)

A 측판 1,950 × 290 · 2개
B 선반 680 × 240 · 6개
C 걸레받이 680 × 40 · 1개

부자재

나사 4 × 50 · 50개
나사 4 × 30 · 20개
나무못 8 × 40 · 50개

기둥과 선반 준비

01 다소 밋밋한 책장 옆판의 다리 부분에 모양을 낸다. 우선 원하는 모양으로 다리 부분을 그린 뒤, 직소를 이용해 모양을 따라 재단한다.

02 옆판의 윗부분 역시 원하는 디자인의 모양을 낸 뒤, 직소로 잘라 준다.

03 책장의 가장 아래에 들어갈 선반과 걸레받이를 연결한다. 걸레받이는 사진과 같이 선반 가장자리에서 2cm 들어간 부분에 고정시킨다. 50mm 나사못을 이용해 네 군데를 박는다.

04 책장의 가장 윗부분에 들어갈 선반을 조립한다. 윗선반의 경우 앞서 만든 아래 선반을 뒤짚어 높이를 맞춘 상태로 나사못을 박는다. 50mm 나사못을 이용해 네 군데에 고정시킨다.

본체 완성과 페인팅

05 측판의 바닥 부분과 아래 선반을 연결한다. 걸레받이 부분과 아래 선반이 기둥과 맞닿는 부분을 꼼꼼히 고정한다. 이때 선반은 옆판의 뒤쪽으로 바짝 붙은 상태로 부착시켜야 한다. 맞은 편 옆판도 동일한 방식으로 고정시킨다.

06 바닥 선반이 완성되면 윗선반을 고정한다. 적당한 위치를 잡은 뒤 옆으로 봤을 때 선반이 'ㄴ'모양이 되도록 한다. 아래 선반과 마찬가지로 옆판의 뒤쪽에 바짝 붙인 뒤 부착한다.

07 원하는 책장의 높이에 따라 나머지 4개의 책장 선반을 차례대로 고정시킨다. 선반을 같은 높이로 고정하기 위해서는 사진과 같이 합판을 선반 사이에 세운 뒤 높이를 맞춰주면 작업이 수월하다. 견고성을 위해 50㎜ 이상의 나사못으로 3군데 정도를 박는다.

08 #220 사포로 가볍게 샌딩한 후, 표면의 먼지와 이물질을 닦는다. 화이트색 우드스테인을 스펀지를 이용해 2~3회 걸쳐 바른다. 간격은 표면이 건조된 상태를 기준으로 한다. 책장 선반의 모서리에는 자칫하면 스테인이 고일 수 있으므로 스펀지나 가는 붓을 사용한다.

15

Standard Chair

등받이 의자

소요시간 **4시간**
난이도 **중**

무엇보다 편안함이 중요한 의자. 실용적이면서도 서재 공간을 더욱 고풍스럽게 해주는 의자 만들기에 도전하자. 내 체형에 딱 맞는 맞춤설계로 한층 몸이 편안함을 느낄 수 있다.

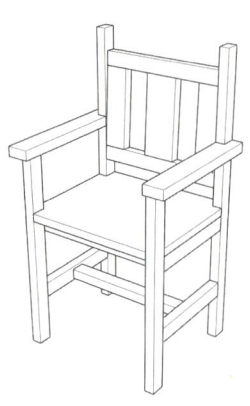

Sense Up

01 실용성을 높이기 위해서는 사용할 사람의 신체 사이즈를 정확히 반영해 의자 좌판의 높이와 깊이, 손잡이의 위치와 등받이 길이 등을 고려해야 한다.

02 의자에서 가장 중요한 것은 안전성이므로 도면 작업을 철저하게 해야 한다. 의자 다리에서부터 좌판, 손잡이, 등 부분에 이르기까지 다양한 지지대의 사용과 안전한 연결 구조를 적용한다.

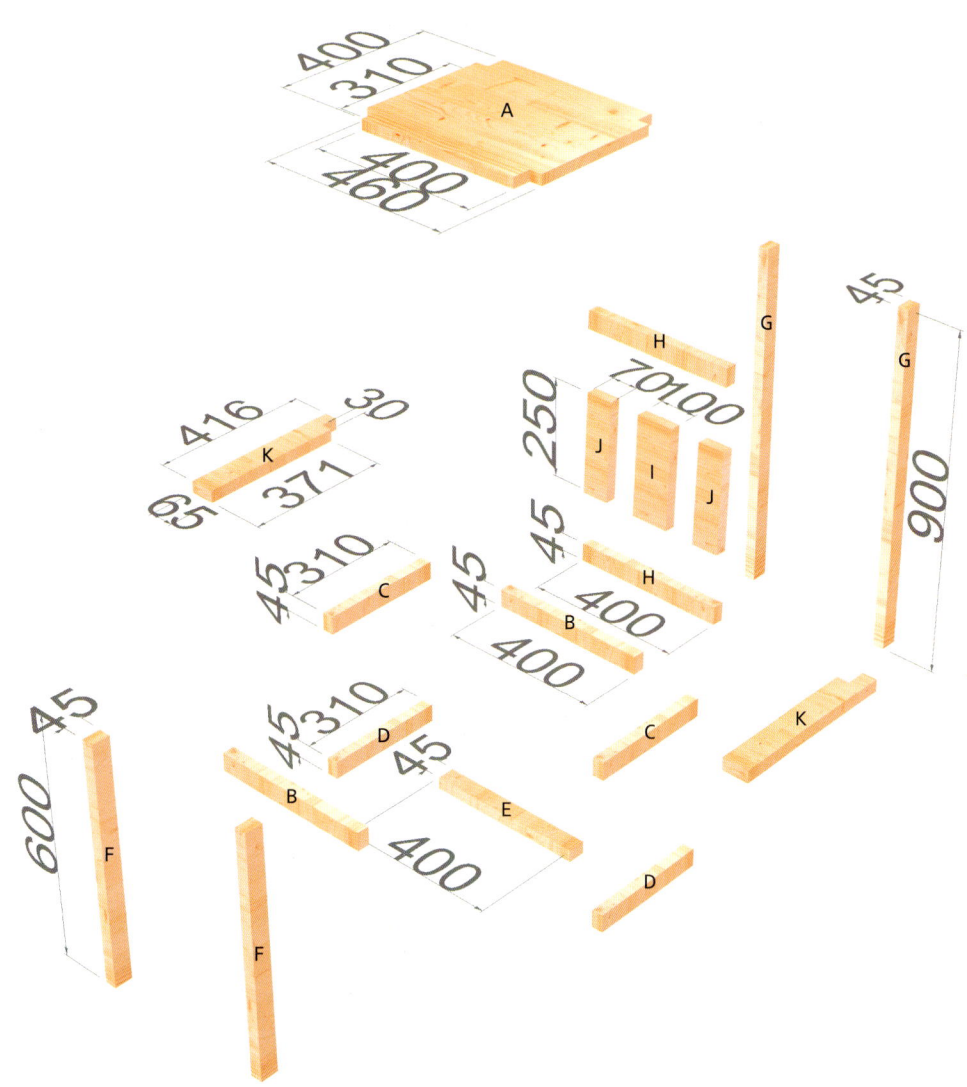

좌판 (레드파인 30mm)

A 바닥판 (스프러스 24mm) 460 × 400 · 1개
B 앞뒤프레임 400 × 45 · 2개
C 양옆프레임 310 × 45 · 2개

아래보조목

D 양옆 310 × 45 · 2개
E 가운데 400 × 45 · 1개

다리

F 앞다리 600 × 45 · 2개
G 뒷다리 900 × 45 · 2개

등받이

H 상하 400 × 45 · 2개
I 가운데 250 × 100 · 1개
J 양옆 250 × 70 · 2개

팔걸이

K 팔걸이 416 × 65 · 2개

부자재

나사 4 × 50 · 100개
나사 4 × 30 · 20개
나무못 8 × 40 · 50개

본체 재단하기

01 의자 바닥 위에 다리 기둥이 지나갈 부분을 그린다. 다리 기둥을 원목 네 개의 모서리에 세운 뒤, 면 바깥쪽으로 모양을 그린다.

02 네 개의 면에 그려진 모양대로 직소를 이용해 원목을 재단한다.

03 손잡이에도 다리 기둥이 지나갈 부분을 표시한다. 바닥과 마찬가지로 기둥을 원목 위에 대고 모양을 그린다. 단, 손잡이의 경우 기둥이 안쪽으로 지나게 되므로 두 개의 손잡이에 그려진 모양은 각각 마주보는 형태로 반대가 된다.

04 그려진 모양대로 직소를 이용해 원목을 재단한다. 사진처럼 두 개의 손잡이는 각각 다른 방향으로 재단된다.

등받이와 다리 몸체 만들기

05 의자의 등받이를 조립한다. 가장 넓은 각재가 중앙에 오도록 하고 양옆으로는 좁은 각재를 고정시킨다. 50mm 나사못을 위아래 두 군데씩 박아 단단히 고정시킨다.

06 의자 다리 몸체를 조립한다. 다리 기둥을 연결할 두 개의 지지대 중 넓은 지지대를 상단 부분에 먼저 고정시킨다. 이 지지대의 위치는 의자 바닥의 높이를 결정하므로 적합한 위치를 정한 후에 50mm 나사못으로 두 군데씩 박아 고정시킨다.

07 넓은 지지대가 고정되었으면 그 아래부분에는 얇고 좁은 지지대를 받친다. 단단하게 고정되도록 두 군데씩 박는다.

08 아래 지지대 중간 부분에 보강재를 연결시켜 모양이 만들어진 두 개의 다리를 결합한다. 고정 시 수평을 유지할 수 있도록 아래에 각재를 받친 뒤 작업한다.

09 의자의 앞뒤가 될 부분에 지지대를 추가로 고정시킨다. 상단의 두꺼운 지지대와 같은 높이에 두 군데씩 박는다.

10 좌판과 다리 몸체를 연결한다. 다리 기둥 부분을 재단한 좌판을 다리 몸체에 맞춰 끼운 다음 50mm 나사못을 이용해 한 면당 3~4군데 정도 고정한다. 너무 깊이 박아 못이 외부로 튀어 나오지 않도록 주의한다.

11 손잡이를 고정시킨다. 우선 손잡이의 뒷면을 기둥과 연결한다. 뒷면의 중앙 부분을 50mm 나사못으로 박는다.

마무리 작업과 페인팅

12 손잡이 뒷부분이 고정된 뒤에는 앞부분을 고정시킨다. 앞부분은 손잡이의 윗면을 50mm 나사못으로 박는다.

13 등받이를 기둥에 연결시킨다. 50mm 나사못을 이용해 세 군데씩 박는다. 단, 등받이를 고정시킬 때는 사진에서처럼 약간 비스듬히 고정하는 것이 허리 건강에 좋다.

14 #220 사포로 가볍게 샌딩한 후, 먼지를 닦아내고 헝겊을 이용해 짙은 갈색의 젤스테인을 바른다.

15 원목의 자연스러움을 살리기 위해 덧칠하지 않고 젤스테인이 마르면 사포로 정리한 뒤 바니쉬로 간편하게 마감한다.

16

Corner Desk

책꽂이 책상

소요시간 **12시간**
난이도 중

아이들 공부방에 두면 더욱 실용적인 책상과 책꽂이. 형제 자매가 함께 공부할 수 있도록 책상 두 개를 만들어 평행으로 붙이거나, 코너에 두어도 좋다. 작은 서랍장을 만들어 책상 위에 두면 문구류나 종이 등 잡동사니도 보관할 수 있어 깔끔한 책상을 만들 수 있다.

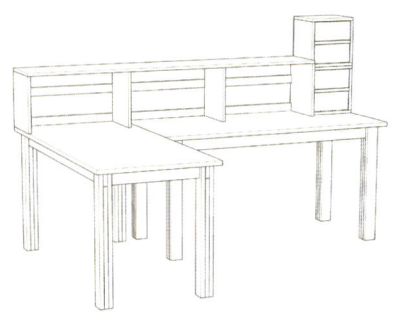

Sense Up

01 책상 2개를 만들어 사용할 경우, 아이들 공부방의 구조와 크기를 고려해 사이즈를 정해야 한다. 이를 감안하지 않으면 동선이 좋지 않거나 사용에 불편을 겪을 수 있다.

02 작은 서랍장의 서랍 앞판을 파스텔톤으로 칠해서 포인트를 준다.

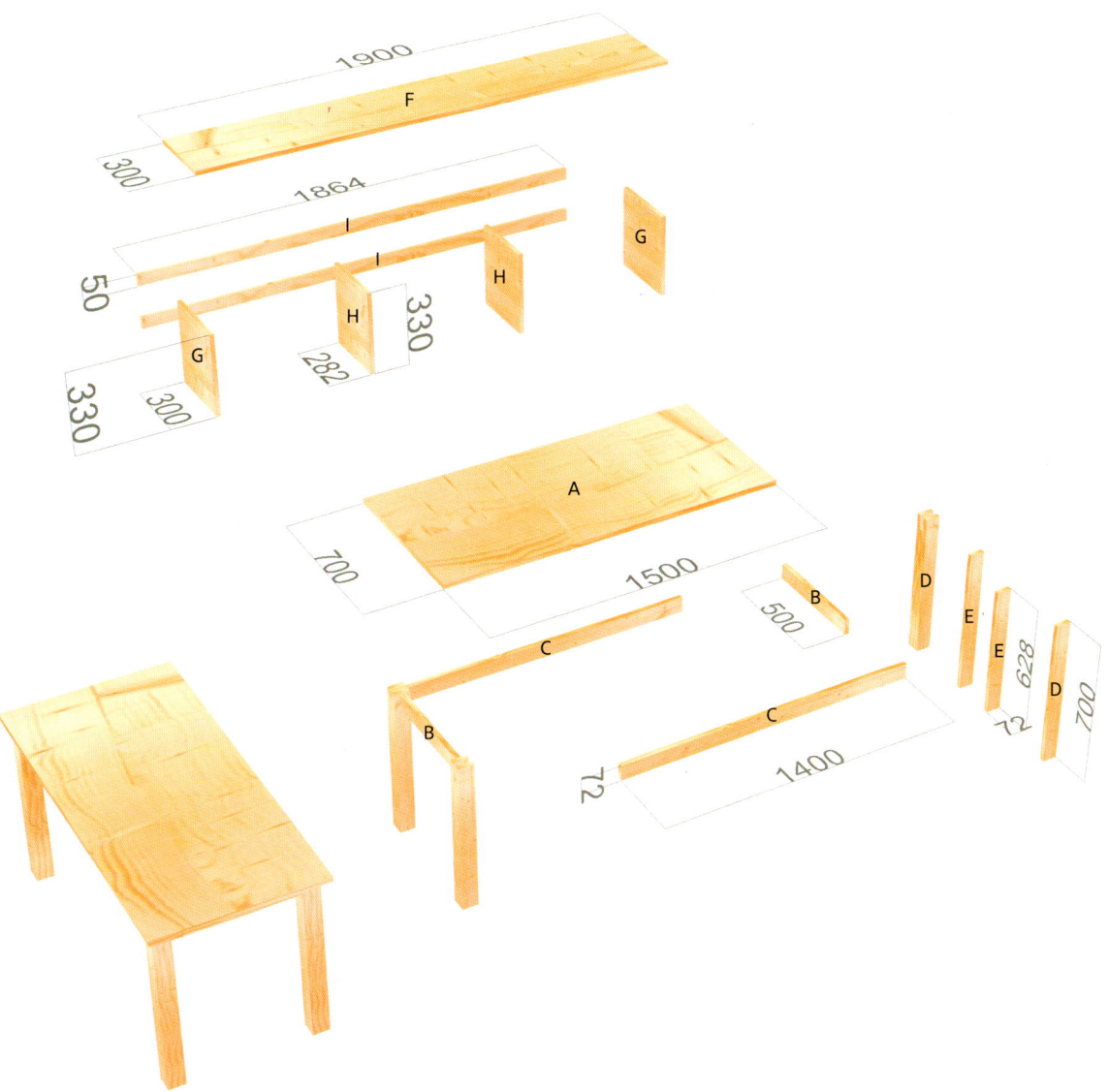

책상 1개 (스프러스 24mm)

A 상판 1,500 × 700 · 1개
B 세로프레임 500 × 72 · 2개
C 가로프레임 1,400 × 72 · 2개
D 다리1 700 × 72 · 8개
E 다리2 628 × 72 · 4개

책꽂이 (스프러스 18mm)

F 상판 1,900 × 300 · 1개
G 양옆세로판 330 × 300 · 2개
H 가운데세로판 330 × 282 · 2개
I 뒷판 1,864 × 50 · 2개

서랍통

J 위, 아래판 300 × 250 · 2개
K 옆판 264 × 250 · 2개
L 가운데판 264 × 250 · 1개
M 뒤판 (미송합판 5mm) 300 × 300 · 2개

서랍 (시더 12mm)

앞판 (스프러스 5mm) 258 × 117 · 1개
앞뒷판 234 × 101 · 2개
양옆판 230 × 113 · 2개
밑판 234 × 230 · 1개

부자재

나사 4 × 50 · 100개
나사 4 × 30 · 100개
나무못 8 × 40 · 50개
플라스틱 레일 길이 230mm (나사 20개 포함) · 4개

넓은 수납 공간의 책꽂이 만들기

01 상판과 측판을 연결한다. 'ㄱ'자 모양으로 정확한 직각이 되도록 상판과 측판을 맞붙이고 50mm 나사못으로 3군데를 박아 고정시킨다.

02 반대편 측판도 같은 방법으로 박는다. 후에 책꽂이를 세워야 하므로 측판이 직각인지 반드시 확인해야 한다.

03 사용하기에 적당한 위치를 결정해 칸막이를 세울 위치를 표시한다.

04 칸막이 고정 작업. 만들어진 책꽂이 틀을 바로 세운 뒤 미리 표시해 둔 자리에 칸막이를 넣어 나사못으로 두 군데 박는다. 칸막이의 정면은 상판의 끝에 맞춰주고 칸막이의 후면에는 지지대를 박아야 하므로 공간을 남겨 둔다.

05 같은 방법으로 칸막이 한 개를 더 부착하여 완성된 모습.

06 상판 끝에 맞춰진 칸막이의 정면 부분과 안으로 들어간 채 고정된 후면.

07 가로로 긴 지지대 2개를 뒷면에 고정시키는 작업. 길이가 길어 삐뚤어질 수 있으므로 우선 양끝을 먼저 나사못으로 두 군데 고정시킨 다음 중간 부분을 박는다.

08 가운데에 지지대 하나를 더 댄다.

작은 서랍장 만들기

09 몸체를 'ㄱ'자 형으로 만든 후 30mm 나사못으로 양쪽을 박아 모양을 고정시킨다. 맞은편도 역시 같은 방법으로 고정시킨다.

10 박스의 위와 아래판을 순서대로 조립한다.

11 사각 틀을 만든 상태에서 가운데에 들어갈 칸막이를 1/2지점에 두고 고정시킨다.

12 서랍장의 뒷면을 고정시킬 차례. 나사를 박기 전 위치를 표시해두어야 정확한 곳에 못을 박을 수 있다.

13 뒷면에는 5mm의 얇은 합판을 부착하므로 12mm 정도의 작은 나사못을 이용한다. 판이 얇으므로 전동드릴로 구멍을 뚫지 말고, 간편하게 나사못을 박는다. 고정시킬 때는 시계 방향으로 해야 판이 움직이지 않는다.

14 서랍을 만들 차례. 우선 'ㄱ'자 모양으로 서랍의 앞면과 아래를 고정하고, 뒷면도 같은 방법으로 조립한다.

15 다음 양쪽 옆면을 고정시킨다. 이때 나사못은 양옆 모서리 부분에 박아야 한다.

16 서랍 틀 완성.

17 서랍 틀에 앞판을 부착하기 전에 우선 본드를 칠한다.

18 본드를 칠한 후에는 안쪽에 25mm 나사못으로 단단하게 고정시킨다.

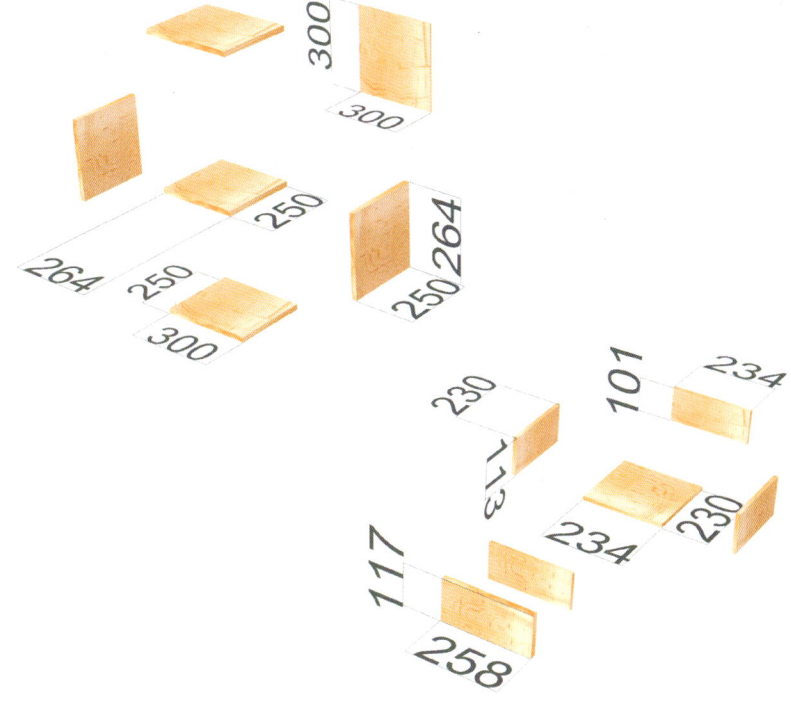

책상 조립하기

19 튼튼하면서도 깔끔한 책상을 원할 경우에는 24mm 집성목 3개를 겹쳐 책상 다리를 만들어야 한다. 우선 가로 부분에 놓일 다리 몸체를 만든다. 700mm 다리와 짧은 628mm 다리를 맞붙인 뒤 위아래를 두 군데씩 박아 고정한다. 같은 방법으로 4개를 완성한다.

20 1,400mm 목재와 1번에서 완성된 책상 다리를 'ㄱ'자 직각이 되도록 한 뒤 (∴) 모양으로 안쪽을 단단하게 박는다. 반대편 다리도 같은 방법으로 완성한다.

21 세로 책상 다리 몸체 만들기. 700mm 다리 끝 중앙에 500mm 목재를 세운 뒤 두 곳을 박아 고정시킨다.

22 정확히 중간에 박힐 수 있도록 각재를 아래에 받친 채 박는다. 맞은편도 같은 방법으로 한다.

23 가로, 세로 책상 다리 완성.

24 완성된 4개의 책상 다리를 조립한다. 50mm 나사못을 이용해 단단히 조립한다. 나사는 안쪽에서 박으며 위, 아래 중간에 2개 정도씩 박는다.

25 다리가 결합된 후에는 바닥과 직각을 이루는지, 흔들림은 없는지 꼼꼼히 살핀다.

26 메탈클립을 이용해 세로는 2개, 가로는 3개로 상판과 아래를 고정시킨다.

27 책상 완성.

17

3 Drawer Cabinet

투톤 3단 서랍장

소요시간 **6시간**
난이도 **상**

깔끔한 수납의 기본인 서랍장을 만들어본다. 넉넉한 여유 공간에 레일을 달아 부드럽게 여닫을 수 있다. 아이보리와 녹색의 은은한 투톤이 공간에 활기를 줄 것이다.

> **Sense Up**

01 한 가지 색의 가구는 작업이 모두 끝난 후 칠을 해도 되지만, 투톤의 경우는 재단된 목재에 미리 칠하고 건조 후 작업을 시작한다.

02 레일은 상대적으로 더 부드럽게 볼레일(3단 레일)을 사용한다.

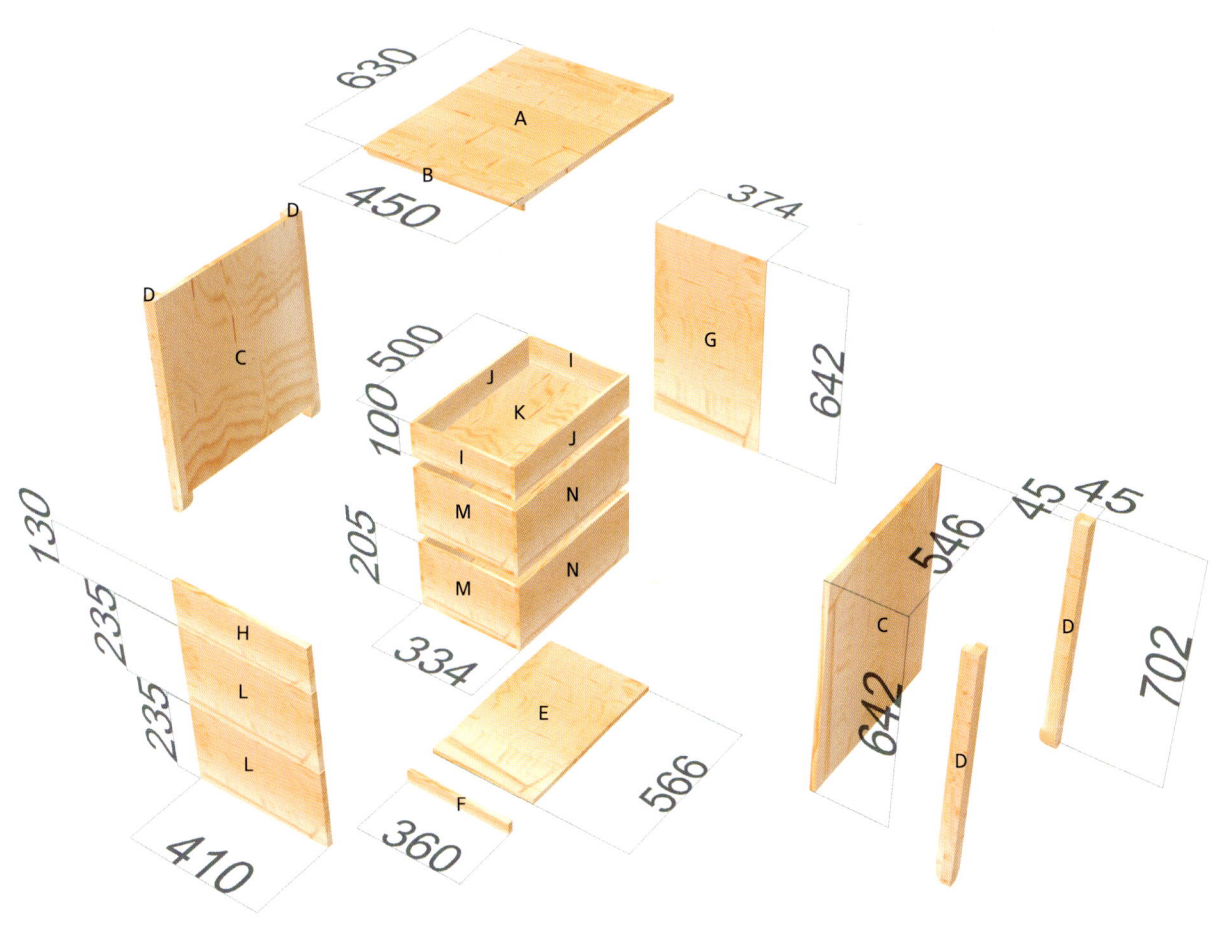

본체 (스프러스 18mm)

- A 상판 450 × 630 · 1개
- B 상판보조목 450 × 30 · 1개
- C 측판 642 × 546 · 2개
- D 측판기둥목 702 × 45(각재) · 4개
- E 바닥판 360 × 566 · 1개
- F 걸레받이 360 × 40 · 1개
- G 뒤판 642 × 374 · 1개
  (미송합판 5mm)

서랍 1 (시더 12mm)

- H 앞판 410 × 130 · 1개
  (스프러스 18mm)
- I 앞뒤판 310 × 88 · 2개
- J 양측판 500 × 100 · 2개
- K 바닥판 500 × 310 · 1개

서랍 2, 3 (시더 12mm)

- L 앞판 410 × 235 · 2개
  (스프러스 18mm)
- M 앞뒤판 310 × 193 · 4개
- N 양측판 500 × 205 · 4개
- O 바닥판 500 × 310 · 2개

부자재

- 나사 4 × 50 · 100개
- 나사 4 × 30 · 50개
- 나무못 8 × 40 · 50개
- 3단 레일 길이 450mm · 3조
  (12mm 금색 나사 60개 포함)

본체 프레임 만들기

01 서랍장의 좌우 옆면을 재단한다. 바닥에 닿는 기둥은 끝부분에 모양을 주고, 서랍장 뒤편은 5㎜ 두께의 합판을 대기 위해 홈을 판다. 좌우 대칭으로 두 개의 세트를 만든다.

02 지지할 기둥과 옆면을 고정시킨다. 본드를 칠하고 강하게 접착시킨 후, 전동드릴을 이용해 나사못을 박는다.

03 길이를 세 등분해 나사못을 세 곳 정도 박아야 튼튼하다. 완성된 옆면의 모습.

04 서랍장의 바닥은 길이에 맞게 재단한 합판에 걸레받이를 대주어야 한다. 정면으로 보이는 곳이니만큼, 드릴로 구멍을 뚫고 본드를 약간 바른 다음 나무못으로 고정시킨다. 나무못은 플러그톱을 이용해 면에 맞게 잘라낸다.

05 상판 앞부분을 두꺼운 몰딩처럼 보이게 하기 위해 폭 3㎝ 가량의 나무를 본드로 접착시키고, 완전히 굳은 다음 루터 작업을 한다. 완벽한 접착을 위해 장시간 클램핑 해둔다.

06 서랍에 필요한 자재를 재단한다. 서랍은 평소 장 속에 숨겨 있는 것이라 칠을 따로 하지 않는다. 낮은 서랍 하나와 같은 크기의 중서랍 두 개 분량에 맞춰 필요한 양을 산정한다.

서랍 조립하기

07 우선 서랍의 바닥과 앞뒤면을 잇는다. 본드를 바르고 나사못을 박아 튼튼하게 고정시킨다.

08 좌우 측면 역시 본드를 바른 후, 나사못으로 조립하면 사각 형태가 만들어진다.

09 완성된 서랍. 같은 공정으로 다른 서랍 2개를 추가로 만든다.

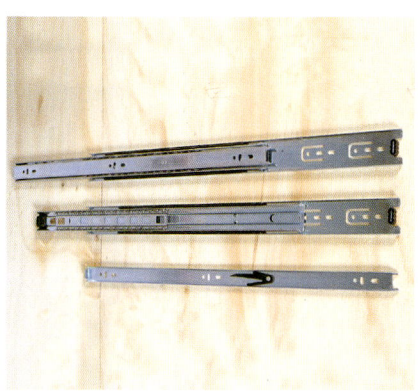

10 서랍이 가장 길게 빠질 수 있는 삼단 레일을 준비한다. 레일의 길이는 서랍장 길이와 똑같은 것이 좋으나, 약 50mm 정도 짧아도 큰 상관은 없다.

11 서랍에 레일 붙이기. 서랍의 측면 바닥에 양각의 레일을 부착한다. 끝이 굽어져 막힌 부분이 서랍의 앞쪽으로 오도록 대고 나사못을 박는다.

Close Up

레일 선택하기

레일은 이단과 삼단, 플라스틱과 스틸 등 재질과 종류가 다양하다. 본체와 서랍에 각각 부착하는 두 개의 바가 세트로 되어 있으며, 레일 자체에 다른 크기의 구멍이 뚫려 있기 때문에 적합한 나사못을 선택해서 부착한다.

레일부착과 상판 만들기

12 상판은 아이보리색 측면과 차별되도록 녹색으로 칠한다. 앞부분에 장식을 위해서 루터로 홈과 곡선을 만들기도 하나, 어렵다면 생략해도 무방하다.

13 준비된 두 개의 옆판과 바닥판을 잇는다. 한 변에 나사못을 네 군데 정도 박아 튼튼하게 고정시킨다.

14 기둥의 네 끝에 흠집과 밀림을 방지하는 원형 발통을 부착한다. 발통 자체에 못이 붙어 나오기 때문에 중심에 대고 망치질을 해주면 쉽게 끝난다.

15 기둥과 바닥면의 걸레받이를 나사못으로 연결한다. 기둥이 틀어지는 것을 막아주기 위함이다.

손잡이 부착과 완성

16 서랍 상판은 덧댄 장식이 앞부분에 오도록 하고, 나사못으로 조립한다.

17 완성된 서랍장 내부에 레일을 부착한다. 서랍의 개수와 높이를 정확히 계산해야 실수가 없다. 못 쓰는 합판을 치수에 맞춰 재단한 후, 하단에 대고 작업을 하면 훨씬 수월하다.

18 각 서랍에는 앞판을 따로 만들어 붙인다. 우선 기존의 서랍 앞면 전체에 본드칠을 하고 앞판을 나사못으로 고정시킨다. 이때 방향은 서랍 안에서 바깥쪽으로 하며, 25mm 나사못을 사용한다.

19 앞판을 부착하기 전에 자를 이용해 중심점을 잡아 체크해 준다. 전동드릴로 구멍을 내고, 준비된 손잡이를 단다.

20 서랍장은 조립 이전에 칠이 된 상태이므로, 바니쉬로 마감한다. 수용성은 스펀지에 묻혀 결에 충분히 흡수되도록 발라주는 것이 좋다.

18

Tea-cup Shelf

찻잔 전시 선반

소요시간 **4시간**
난이도 **상**

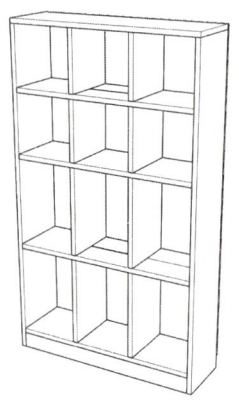

차를 즐기는 사람들은 다기와 찻잔을 제법 수집하곤 한다. 서재 한 켠에 차 마시는 공간을 두고, 찻잔을 진열해 둘 보관대를 만들어본다. 십자 선반 작업이 익숙해질 수 있는 좋은 기회다.

Sense Up

선반 사이의 간격이 전동드릴로 작업하기 힘들기 때문에 미리 홈을 파서 끼우는 방식으로 만드는 것이 효과적이다.

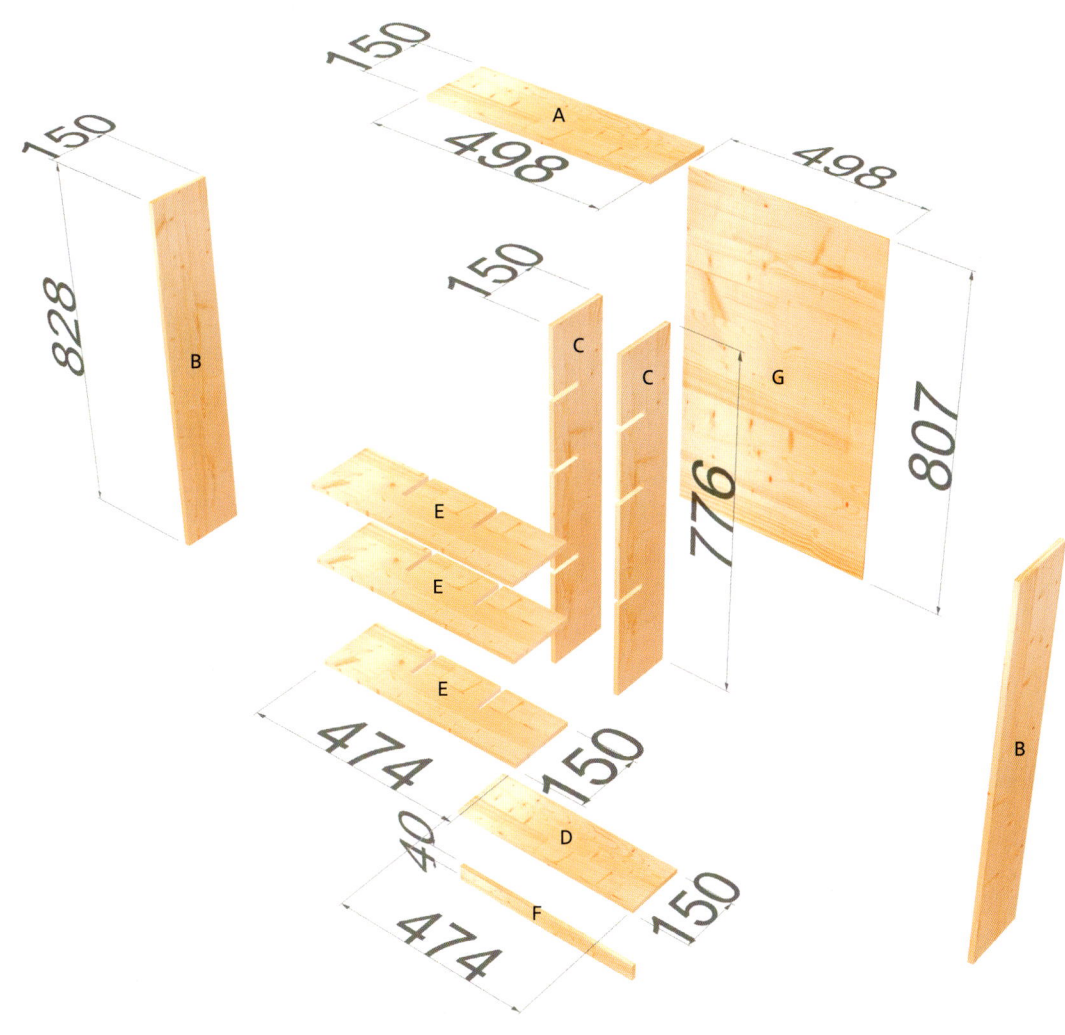

본체 (시더 12mm)

- A 상판 498 × 150 · 1개
- B 측판 828 × 150 · 2개
- C 세로판 776 × 150 · 2개
- D 바닥판 474 × 150 · 1개
- E 선반 474 × 150 · 3개
- F 걸레받이 474 × 40 · 1개
- G 뒤판(미송합판 5mm) 807 × 498 · 1개

부자재

- 나사 4 × 50 · 50개
- 나사 4 × 30 · 20개
- 나사 12mm · 50개
- 나무못 8 × 40 · 50개

본체와 십자 선반 조립

01 본체 역할을 할 사각 박스를 조립한다. 하단부는 걸레받이를 부착할 것이므로 안쪽으로 당겨 바닥면을 조립한다.

02 선반을 만들 차례. 나무에 삼각자를 이용해 일정 간격으로 마킹을 한다.

03 톱을 이용해 폭의 정중앙까지 홈을 파낸다. 찻잔 높이를 생각해 각 칸의 높이를 달리해 칸막이의 홈을 판다.

04 세로로 긴 기둥칸막이에 각 선반들을 끼운다. 홈은 기계톱을 이용해서 팔 수도 있다.

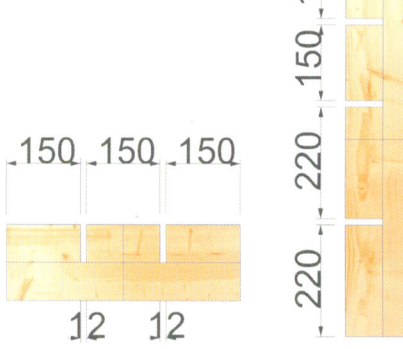

05 만들어진 십자 선반을 본체 상자에 끼워 넣는다.

06 각 선반의 측면을 나사못을 이용해 고정시킨다. 정확한 간격을 위해 연필로 미리 마킹을 하고 작업한다.

07 걸레받이를 부착한다. 이는 가구 아래 먼지가 쌓이는 것을 예방하고, 외관을 더욱 깔끔하게 만들기 위한 작업이다.

08 측면에서도 걸레받이와 본체를 한 번 더 고정시키면 완성.

뒤판 붙이기

09 뒤판을 부착한다. 나사못 박을 곳을 표시하기 위해 각 선반과 칸막이에 연필로 마킹한다.

10 마킹한 선을 따라 자를 대고 선을 긋는다. 자칫 위치가 달라지면 나사못을 엉뚱한 곳에 박아 구멍이 나거나, 목재가 갈라질 수 있다.

11 나사못을 이용해 상단부터 합판을 부착한다. 못을 일렬로 세 개를 박고 나면 하단부가 잘 맞지 않고 뒤틀릴 수 있다.

12 하단부 뒤판과 목재가 제대로 맞지 않은 모습. 본체보다 튀어나왔다고 섣불리 자르면 안 된다.

13 조립된 본체는 정사각형이 아닐 경우가 대부분이어서 합판에 맞춰서 박는 것이 일반적이다. 그래서 이 부분을 끌어당겨 맞춰 나사못을 박아야 한다.

페인팅과 완성

14 짙은 갈색의 젤스테인을 헝겊이나 스폰지에 묻힌 뒤 가구에 골고루 바른다. 나뭇결을 살리기 위해서는 양을 적당히 조절해 한 번의 칠로 끝내는 것이 좋다.

15 칠이 마르면 가구의 옆면에 스텐실로 문양을 찍어준다. 붓에 물감을 묻혀 최대한 헝겊에 닦아낸 뒤, 붓을 문질러 모양을 낸다. 문지르는 횟수에 변화를 줄 경우 그라데이션 효과까지 얻을 수 있다.

16 칠이 마른 뒤에는 바니쉬로 가구의 전면을 골고루 칠해 광택을 주는 동시에 표면을 보호한다.

공구 사용법부터 ←---→ 가구 제작까지

02 목공 DIY

Part 2-4

거실 가구

19 원목 열쇠함 Key Box
20 삼나무 화분대 Ladder Plant Shelf
21 사각 테이블 Tea Table
22 화이트 와인장 Wine Chest
23 수납 찻상 Tea Cabinet Table
24 오리엔탈 콘솔 Oriental Console
25 클래식 와인셀러 Classic Wine Celler

19

Key Box

바쁜 아침에 열쇠를 찾느라 허둥지둥 하다보면 지각하기 일쑤. 현관 수납장 위에 놓을 작은 열쇠함을 만들어 보자. 여닫이문을 달고 은은한 색상으로 색칠해 주면 프로방스풍 열쇠함이 완성된다.

원목 열쇠함

소요시간 **4시간**
난이도 **하**

Sense Up

01 나사못 구멍을 낼 때 내고자 하는 목재 뒷면에 받침목을 대어 준다. 이는 드릴 작업 시 목재가 깨지는 것을 방지하기 위함이다.

02 나사못을 박을 때 나뭇결에 따라 주의한다. 나뭇결 중에서 색상이 진한 부분은 강한 목재의 성질로 인해 자칫 잘못하면 못이 빗나가기도 한다. 이 부분에 못질을 할 경우 진행 방향을 조절하면서 천천히 박는다.

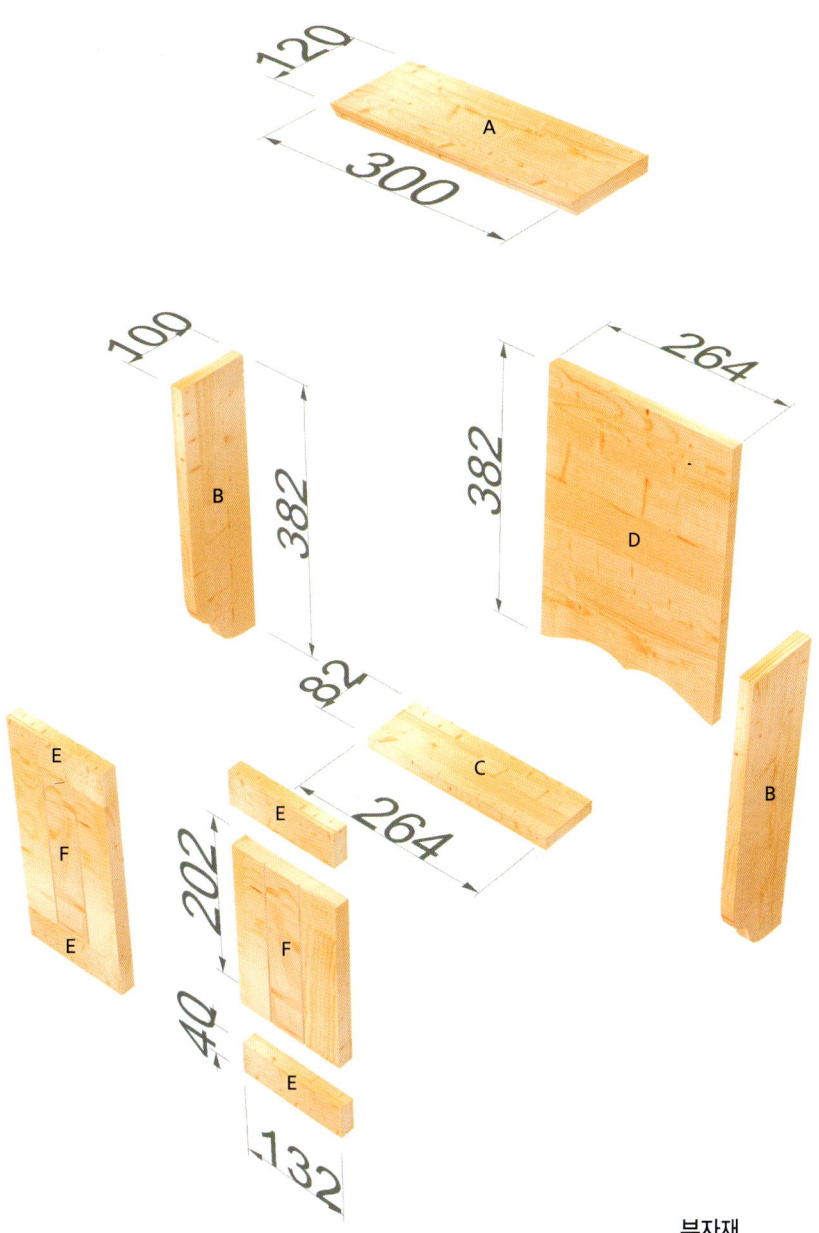

본체 (스프러스 18mm)

- A 상판 300 × 120 · 1개
- B 측판 382 × 100 · 2개
- C 바닥판 264 × 82 · 1개
- D 뒤판 382 × 264 · 1개

문짝

- E 상하프레임 132 × 40 · 4개
- F 알판 202 × 132 · 2개

부자재

- **삼각고리** 12mm 금색 나사 4개 포함 · 2개
- **손잡이 1구** 25mm 손잡이 나사 2개 포함 · 2개
- **키걸이용 목핀** 4 × 50 나사로 고정 · 6개
- **옷걸이용 목핀** 4 × 50 나사로 고정 · 2개
- **나사** 4 × 50 · 50개
- **나사** 4 × 30 · 30개
- **나무못** 8 × 40 · 50개

문짝 조립하기

01 문은 나무판 한 장으로 만들면 추후 휘어질 우려가 있으므로 목재결이 가로와 세로가 만나 고정되도록 지지목을 댄다. 목공 본드를 발라 상하 지지목을 붙인다.

02 각 면에 두 군데씩 나사못을 박기 위해 드릴로 구멍을 낸다. 구멍을 깊게 내어 못머리까지 안으로 깊이 들어갈 수 있게 한다.

03 구멍에 50mm 나사못을 박는다. 판이 얇으므로 삐뚤어지지 않도록 주의한다.

04 구멍에 목공 본드를 넣는다.

05 못머리가 보이지 않도록 나무못을 끼워 넣고 망치로 두드린다.

06 남는 부분은 플러그톱을 이용해 깔끔히 잘라낸다.

본체 조립하기

07 뒤판에 측판을 대고 위, 중간, 아래 3곳의 나사못을 박을 위치에 구멍을 뚫는다. 이때 뒤판이 밀리지 않도록 손으로 꽉 잡고 나사못을 박는다.

08 상판은 뒤판과 측판에 잘 맞물리도록 대고 양옆 두 군데와 뒷면 세 군데를 뚫어 나사못으로 고정한다.

09 바닥판은 위판에서 3mm 정도의 임시판자를 끼워 간격을 낸 후 문을 올려 놓고 길이를 맞춰 고정한다. 약간의 틈을 주는 것은 목재의 팽창을 염두한 것이다.

10 바닥판은 측판 각 2군데, 뒤판 2군데를 못질하는데, 뒤판은 위치를 잡기 쉽지 않으므로 자로 정확하게 재어 박는다.

11 나사못을 박은 부분마다 나무못을 넣어 깔끔하게 정리한다.

문짝 부착하기

12 본체와 문 모두 나무의 결을 따라 사포질을 하여 표면을 부드럽게 처리한다.

13 열쇠를 걸 핀 위치를 잡고 드릴로 구멍을 낸다.

14 구멍마다 나사못을 뒤에서 앞쪽으로 꽂아 두고, 핀을 끼워 넣는다.

15 문에 경첩을 댄다. 이 경첩은 나비 경첩으로 가구에 여닫이 문을 설치할 때 사용한다. 최근에는 다양한 색상의 나비 경첩들이 시중에 많이 나와, 가구 색상과 분위기에 맞춰 다양하게 선택할 수 있다.

16 경첩을 단 문을 본체 위에 올려 놓고 문과 문 사이의 틈에 3mm 판자를 끼워 틈을 낸다. 경첩의 위치를 잘 잡아 측판에 고정한다.

페인팅과 완성

  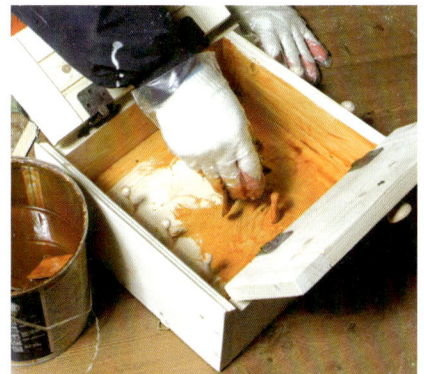

17 벽에 걸 수 있도록 상판 가장자리에 두 개의 고리를 단다.

18 문에 손잡이를 달 때는 위치를 잡고 안쪽에서 바깥쪽으로 손잡이 나사를 박아 고정한다.

19 면천으로 밝은 오렌지 컬러의 오일스테인을 골고루 바른다.

Close Up

뒤틀림 방지와 간격 설정

목재는 그 특성상 수축과 팽창의 우려가 있으니 가로결과 세로결을 고정시켜주거나 팽창될 부분의 간격을 미리 설정해두는 것이 필요하다. 도면에서 간격을 확인한다.

20

Ladder Plant Shelf

삼나무 화분대

소요시간 **3시간**
난이도 **하**

작은 화분들을 바닥아 늘여놓으면 공간을 많이 차지하고 자칫 공간을 지저분하게 만들 수 있다. 높은 진열대를 두어 옹기종기 모아두면 색색의 꽃이 어울려 한결 멋진 소품으로 탄생할 것이다.

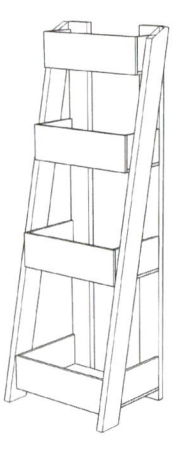

Sense Up

01 화분에는 자주 물을 뿌려줘야 하므로 습기에 강한 나무를 사용해야 한다. 기존 사용하던 스프러스 등은 벌어지는 증상이 나타날 수 있어, 시더(Ceder)라 불리는 삼나무를 소재로 한다. 삼나무는 물에 닿아도 썩지 않고 방충·방부 효과도 가지고 있다.

02 화분을 뒤쪽으로 넣을 수 있게 화분대 뒷면을 오픈시킨 디자인이다. 화분 바닥이 땅에서 40mm 정도 띄어있게 제작해야 한다.

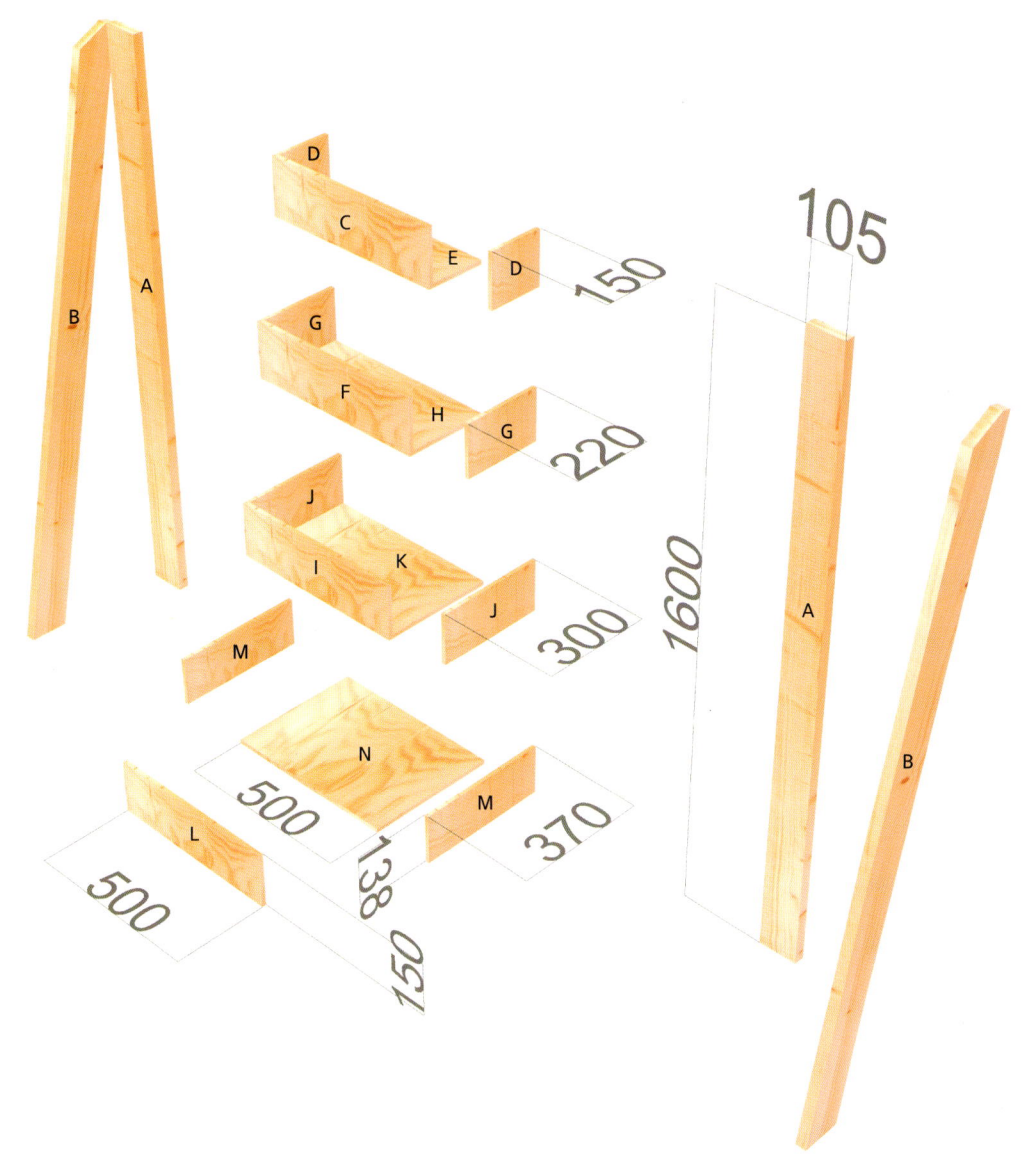

다리 (시더 15mm)

A 다리1 1,600 × 105 · 2개
B 다리2 1,655 × 105 · 2개

화분 선반 1 (시더 12mm)

C 앞판 500 × 150 · 1개
D 측판 150 × 138 · 2개
E 바닥판 500 × 150 · 1개

화분 선반 2 (시더 12mm)

F 앞판 500 × 150 · 1개
G 측판 220 × 138 · 2개
H 바닥판 500 × 220 · 1개

화분 선반 3 (시더 12mm)

I 앞판 500 × 150 · 1개
J 측판 300 × 138 · 2개
K 바닥판 500 × 300 · 1개

화분 선반 4 (시더 12mm)

L 앞판 500 × 150 · 1개
M 측판 370 × 138 · 2개
N 바닥판 500 × 370 · 1개

4개의 화분함 만들기

01 화분이 들어가게 될 박스를 만든다. 뒷면은 뚫려 있는 형태로 판재 4개를 이어서 조립한다. 재단된 치수에 맞춰 크기별로 각기 다른 박스를 만들어 놓는다.

02 가장 큰 박스부터 기둥에 차례대로 연결한다. 이때, 반드시 바닥에서 약 5cm 정도 간격이 생길 수 있도록 바닥 부분의 기둥을 밖으로 내어 박는다.

03 크기가 작은 박스들을 다리에 차례대로 연결한다. 두 개의 다리를 박스 뒷면에 대고, 측판 부위에 나사못을 박는다. 목재의 절단 부분에 하는 작업이므로 세심함이 요구된다.

다리 연결해 완성하기

04 각 박스의 측판을 지지해 화분 거치대를 세워둘 수 있게 하는 측면 다리 기둥을 만들어 준다. 다리를 바닥과 수평을 맞추기 위해 톱으로 바닥면을 사선으로 자른다.

05 맨 아래 박스부터 결합하는데, 박스 측판 안쪽에서 기둥 방향으로 나사못을 박는다. 이렇게 4개의 박스에 모두 옆기둥을 연결해 준다.

06 제일 위쪽 박스에 다리를 쯤의 모습. 측판에 두 개 정도의 나사못을 박고 있다. 서랍 부착이 끝나면, 기둥 상부를 역시 보기 좋게 사선으로 톱질한다.

07 거치대가 잘 세워지는지 균형을 확인한 후, 뒷기둥과 옆기둥을 연결한다. 옆면에서 나사못을 박는다.

21

Tea Table

사각 테이블

소요시간 **5시간**
난이도 **중**

거실에는 많은 가구를 두기보다 몇 가지 필요한 가구로 추려 단순하게 꾸미는 것이 보기에 좋다. 햇볕이 잘 드는 넓은 창 앞으로 단순한 디자인의 긴 좌탁을 두면 그것 하나로도 집 안 분위기는 새로워진다.

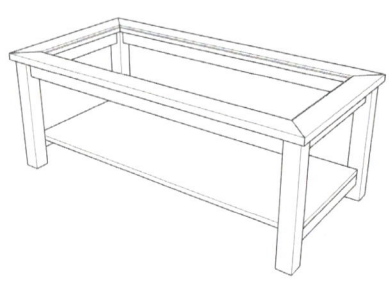

Sense Up

01 상판을 재단할 때에는 반드시 모서리의 각도를 45°로 맞춰야 하며 이어지는 부분을 고려해 방향을 정확히 확인 한 후 재단한다.

02 테이블의 몸체는 스프러스를 이용하지만, 다리 부분은 단단하게 만들기 위해서 각재를 사용한다. 컬러의 차이는 공정 후 페인트로 교묘히 감춰주면 된다.

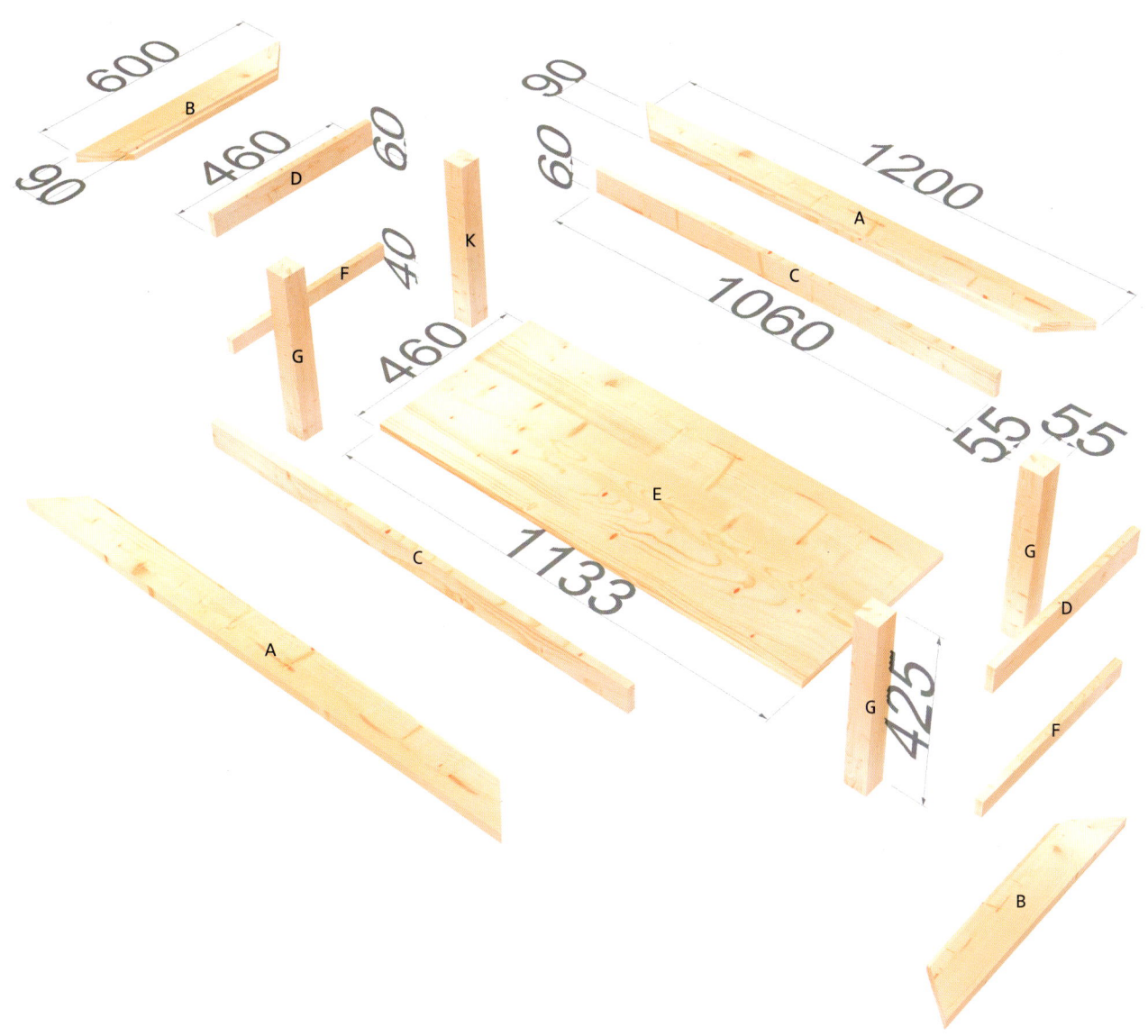

상판 (스프러스 24mm)

A 가로판 1,200 × 90 · 2개
B 세로판 600 × 90 · 2개
C 가로프레임 1,060 × 60 · 2개
D 세로프레임 460 × 60 · 2개

바닥판 (스프러스 24mm)

E 바닥판 1,133 × 460 · 1개
F 보조목 460 × 40 · 2개
G 다리 (미송 55각) 425 (길이) · 4개

부자재

나사 4 × 50 · 50개
나사 4 × 30 · 20개
나무못 8 × 40 · 50개

테이블 상판 만들기

01 상판은 가로세로 각재의 모서리가 사선으로 맞붙는 형태로 만들어진다. 우선 사이즈대로 재단된 상판 재료들에 각각 45° 대각선으로 줄을 그어준 뒤, 톱을 이용해 자른다.

02 잘려진 상판 재료들에 트리머를 이용해 유리가 얹힐 홈을 파준다. 네 면을 모두 해주되, 같은 크기로 일정하게 작업한다.

03 테이블의 상판에는 못을 박지 않고 사각 목심을 만들어 끼워 맞추는 것이 깔끔하다. 우선 각 모서리가 맞닿는 부분마다 드릴을 이용해 두 개의 홈을 판다.

04 브리지를 뚫어 놓은 홈에 맞춰 끼운다. 브리지는 홈에 꼭 맞게 만들어져야 하며, 끼울 때는 고무망치를 이용한다.

05 방향을 맞춰 각 모서리의 홈을 연결시킨다. 손으로 끼워 넣기는 다소 어려우므로 고무망치를 이용해 두드리면서 맞춰 넣는다.

다리와 본체 만들기

06 테이블의 다리는 기둥에 홈을 파고 가로세로 지지대를 끼워 연결한다. 우선, 네 개의 기둥에 지지대의 높이와 너비만큼의 홈 모양을 그린다.

07 전동드릴를 이용해 홈을 낼 부분에 구멍을 낸 뒤, 끌을 이용해 모양대로 파낸다. 보다 깔끔한 공정을 위해서 목공소에서 기계를 이용할 수도 있다.

08 가로·세로 지지대와 홈이 파인 기둥을 연결해 다리 본체를 만든다. 마주보게 되는 부분을 각각 먼저 맞춘 다음, 나머지 부분을 연결하는 것이 편리하다.

09 단단히 고정시키기 위해 드릴을 이용해 50㎜ 나사못을 비스듬히 깊숙하게 박아 준다. 지지대와 기둥이 맞물려 있는 곳에 모두 박도록 한다.

상판과 다리 본체 연결하기

10 완성된 상판과 다리 본체를 연결한다. 지지대 부분에 50mm 나사못을 이용해 고정시키는데, 세로 부분은 세 군데, 가로 부분에는 네 군데 정도 깊이 박는다.

11 테이블 본체에 들어갈 아래판을 만든다. 판재 양옆에 50mm 나사못을 이용해 지지대를 튼튼하게 고정시킨다.

12 아래판을 적당한 위치에 고정시킨다. 다소 두꺼운 기둥에 연결해야 하기 때문에 드릴을 이용해 충분히 구멍을 뚫어 준 뒤 70mm 나사못으로 위아래 두 군데씩 고정한다.

Tip

나무에 유리 끼우는 방법

유리 부착은 글루건과 실리콘을 함께 사용해야 튼튼하다. 실리콘이나 목공 본드는 붙는데 시간이 오래 걸리고 나무가 휘어져 있다면 더 문제가 클 수 있다.

실리콘+글루건 또는 목공 본드 + 글루건을 동시에 사용하는 것이 좋다. 목공 본드를 군데군데 바른 후 글루건을 몇 군데 쏴서 붙이면 처음에는 글루건의 힘으로 붙지만 나중에 목공 본드가 굳으면서 튼튼해진다. 또는 실리콘을 목공 본드 대용으로 사용하고 글루건을 몇 군데 쏴서 같은 방법으로 하면 된다.

페인팅과 완성

13 도장 전에 #220 사포로 가볍게 샌딩한 후 표면의 먼지나 이물질을 닦아 정리한다. 남색 톤의 밀크페인트를 이용해 2~3회 결을 따라 도포한다.

14 자연스러운 느낌을 연출하기 위해서는 샌딩 작업이 필수다. 밀크페인트가 마르면 #220 사포로 모든 면을 가볍게 샌딩한다.

15 밀크페인트의 마감을 한층 살려주는 라임 왁스를 가구에 골고루 도포하는데, 왁스가 흡수되면서 페인트가 자연스럽게 벗겨지므로 강약을 조절해 발라주어야 한다. 왁스 자체가 마감재 역할을 하므로 바니쉬를 따로 바르지 않는다.

22

Wine Chest

화이트 와인장

소요시간 **6시간**
난이도 **중**

와인을 보관할 때는 세심한 주의가 요구된다. 12~15℃ 상온에 직사광선이 들지 않게 하고, 진동이 없는 곳에 뉘어 두어야 오래 두고 마실 수 있다. 좋은 와인을 잘 보관하기 위한 아이템, 앤틱 스타일의 와인장을 만들어보자.

Sense Up

01 나사못을 박기 위한 구멍을 낼 때 약간 비스듬히 대각선으로 내어야 손으로 작업하기가 편리하며 조립 상태가 견고해진다.

02 가정에서는 모서리 모양을 내기 위해 핸드루터나 핸드트리머를 이용할 수 있다.

03 사포질을 할 때는 우선 입자가 굵은 사포를 가지고 초벌 연마를 해준 다음 다시 부드러운 사포로 깔끔하게 마무리한다.

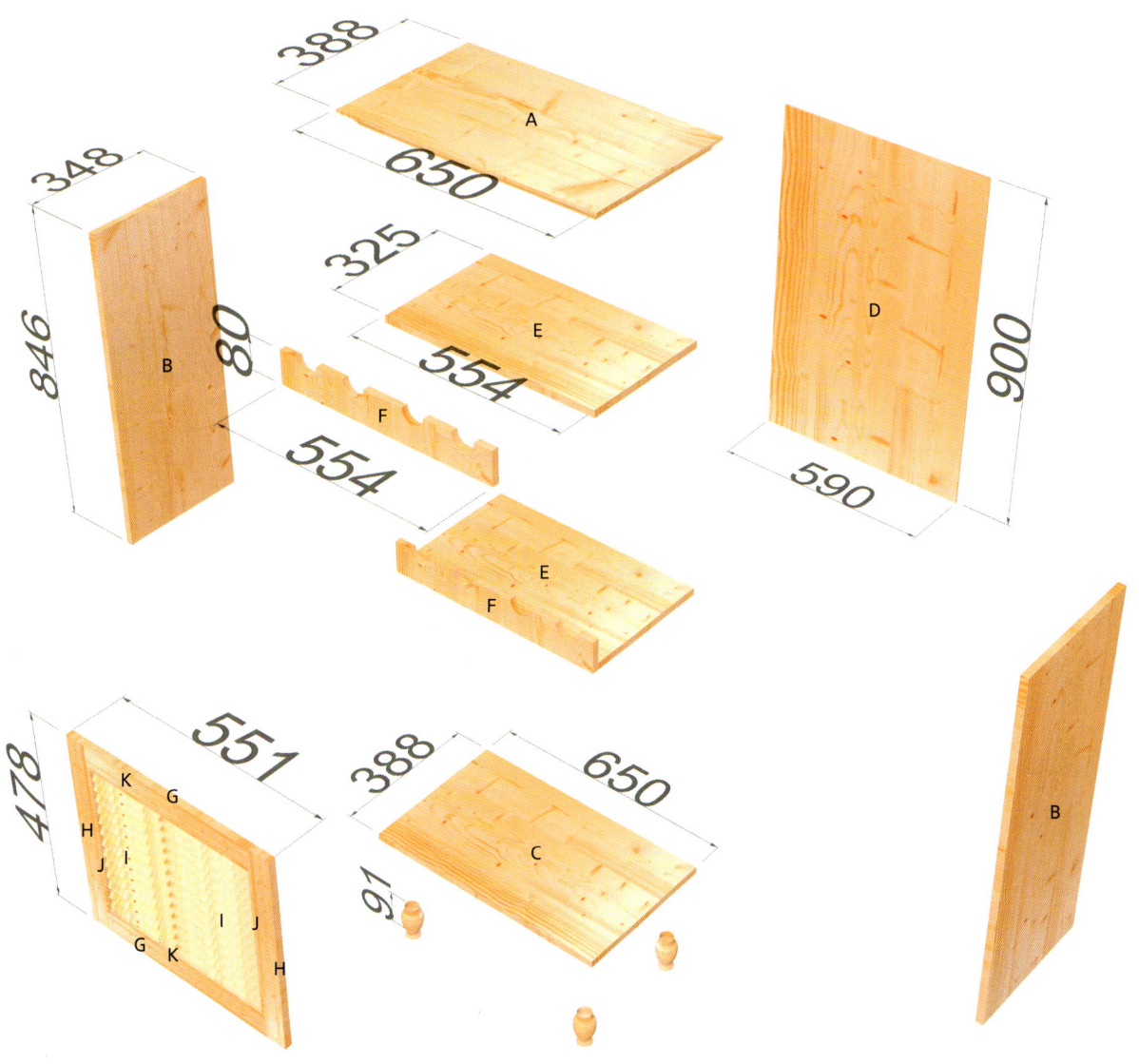

본체 (스프러스 18mm)

A 상판 650 × 388 · 1개
B 측판 846 × 348 · 2개
C 바닥판 650 × 388 · 1개
D 뒤판 (미송합판 5mm) 900 × 590 · 1개

와인 수납 선반 (스프러스 24mm)

E 선반 554 × 325 · 2개
F 와인받침대 554 × 80 · 2개

갤러리 문짝 (스프러스 18mm)

G 상하프레임 451 × 50 · 2개
H 양옆프레임 478 × 50 · 2개
I 갤러리가로살 (레드파인 30mm) 445 × 7 · 13개
J 갤러리세로살 (레드파인 24mm) 378 × 8 · 2개
K 갤러리상하막음목 (스프러스 24mm) 435 × 8 · 2개

부자재

손잡이 1구 25mm 손잡이 나사1개 포함 · 1개
원목다리 55각, 높이 91mm · 4개
나사 4×50 · 100개
나사 4×30 · 50개
나사 12mm 금색 나사(뒤판 고정용) · 30개
나무못 8×40 50개
경첩 일반 경첩, 경첩 나사 8개 포함 · 2개

상판 및 선반 가공하기

01 자재에 페인트칠을 미리하고 조립하면 작업이 수월하고 깔끔하게 마무리된다. 화이트 컬러의 천연스테인을 커다란 스폰지에 묻혀 고루고루 발라준다. 처음부터 너무 두껍게 바르지 않고, 얇게 여러 번 덧바르는 것이 좋다.

02 와인걸이용 나무에 드릴로 구멍을 내고 선반과 'ㄱ'자 모양으로 겹친 후 50mm 나사못을 박는다. 구멍에 목공 본드를 넣고 나무못으로 마무리한다.

03 견고함을 주기 위해 상판 안쪽에 'ㄷ'자 형으로 나무판을 붙인다.

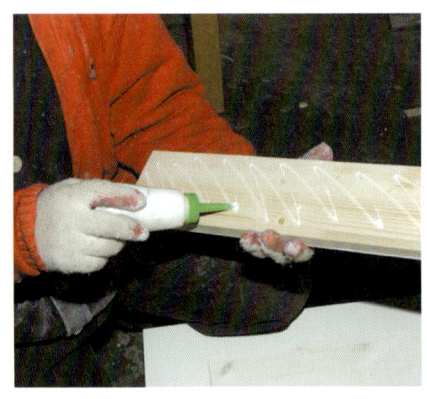

04 나무판에 그림처럼 목공 본드를 칠하여 상판에 붙이고, 나사를 박아 고정한다. 나사는 트리밍할 부분은 피해 박고, 상판의 'ㄷ'자형 부재와 바닥판을 루터로 트리밍한다.

05 상판 모서리에 모양을 주기 위해 앞면과 측면이 되는 'ㄷ'자 부재 끝면을 루터로 트리밍한다. 바닥판으로 사용할 목재도 상부를 트리밍한다.

상판과 측판, 뒤판 조립하기

06 상판과 측판 2개를 조립하는데 뒤판을 댈 면에 맞춰 박는다. 즉, 앞부분과 옆부분은 튀어나오게 박는다.

07 바닥판을 측판과 조립한다. 이때 비뚤어지지 않도록 지그를 대거나 치수를 정확히 재어 박는다.

08 100mm 높이의 나무지그를 이용해 상판 아래 와인 선반 하나를 달아 준다.

09 상판과 측판 2개를 조립하는데 뒤판을 댈 면에 맞춰 박는다. 즉, 앞부분과 옆부분은 튀어나오게 박는다.

갤러리 문 조립하기

10 갤러리 문을 조립한다. 안쪽 갤러리 부분은 18mm 목재로 틀을 만들고, 24mm 가로살을 일정한 각도로 기울여 세로살에 접합시키고 타커로 고정시킨다. 여기에 문틀을 만들어 붙인다.

11 견고함을 위해 타커로 갤러리와 문틀을 단단히 고정한다.

12 경첩을 달기 위해 지름 35mm 보링날로 적당한 위치에 구멍을 뚫어 준다.

13 경첩이 달린 문은 본체에 고정한다. 일반 싱크대 경첩을 사용하면 35mm 보링날로 구멍을 뚫고, 경첩을 측판에 붙여 고정하면 된다. 나비 경첩을 사용할 때도 보링없이 나사로 박아 부착하면 된다.

Close Up

갤러리 문 조립 시 유의사항

틀에 가로살을 접합시킬 때 틀을 완성한 후 가로살을 접합시키는 것보다 'ㄱ'자 모양으로 틀을 만든 후 가로살을 접합시키고 나머지 틀을 완성시키는 것이 보다 편하게 조립할 수 있다.

손잡이와 다리 달기와 마무리 작업

14 나사못을 이용해서 여닫이문에 목재 손잡이를 달아준다.

15 여닫이문을 닫았을 때 일정 깊이 이상 들어가지 않도록 두 번째 와인 선반 밑부분 중 좌측 앞에 일자발을 단다.

16 기성품 다리를 바닥판 위에서 아래로 나사를 박아 고정한다.

17 나사 박은 곳에 나무못을 넣고 면에 맞도록 플러그 톱으로 자른다.

18 얇은 미송합판으로 된 뒤판을 대고 타커로 고정한다. 단면과 모서리 부분은 부드럽게 마감되도록 샌딩(사포질)한다.

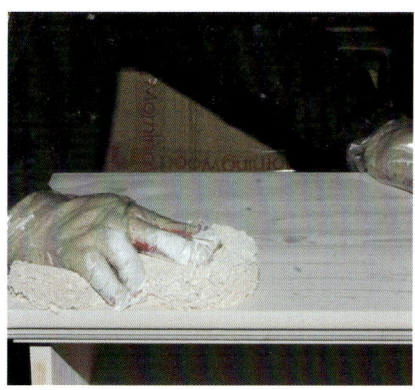

19 샌딩 부분과 페인트칠이 안 된 곳은 아이보리색 수성페인트를 칠하여 마무리하고, 바니쉬를 바른다.

Tea Cabinet Table

수납 찻상

소요시간 **6시간**
난이도 **중**

자신이 원하는 글씨 도안이 새겨진 찻상. 여기에 다기와 각종 차를 보관하기 좋게 수납함 형태로 디자인하면 평소에는 간이책상으로, 손님이 오면 멋진 찻상으로 다양하게 활용할 수 있다.

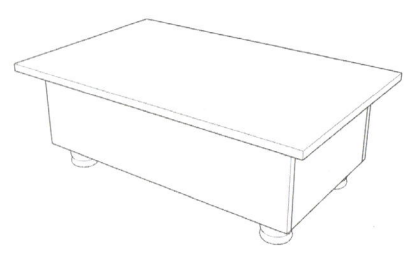

Sense Up

가구에서 가장 많은 진동이 발생하는 곳은 여닫이문이다. 이 진동을 최소하기 위해서는 경첩용 나사를 쓰는 것이 바람직하다. 일반용 나사는 매끈한 반면, 경첩용 나사는 많은 진동에도 나사가 풀어지는 것을 방지하기 위해 홈이 깊게 파여 있다.

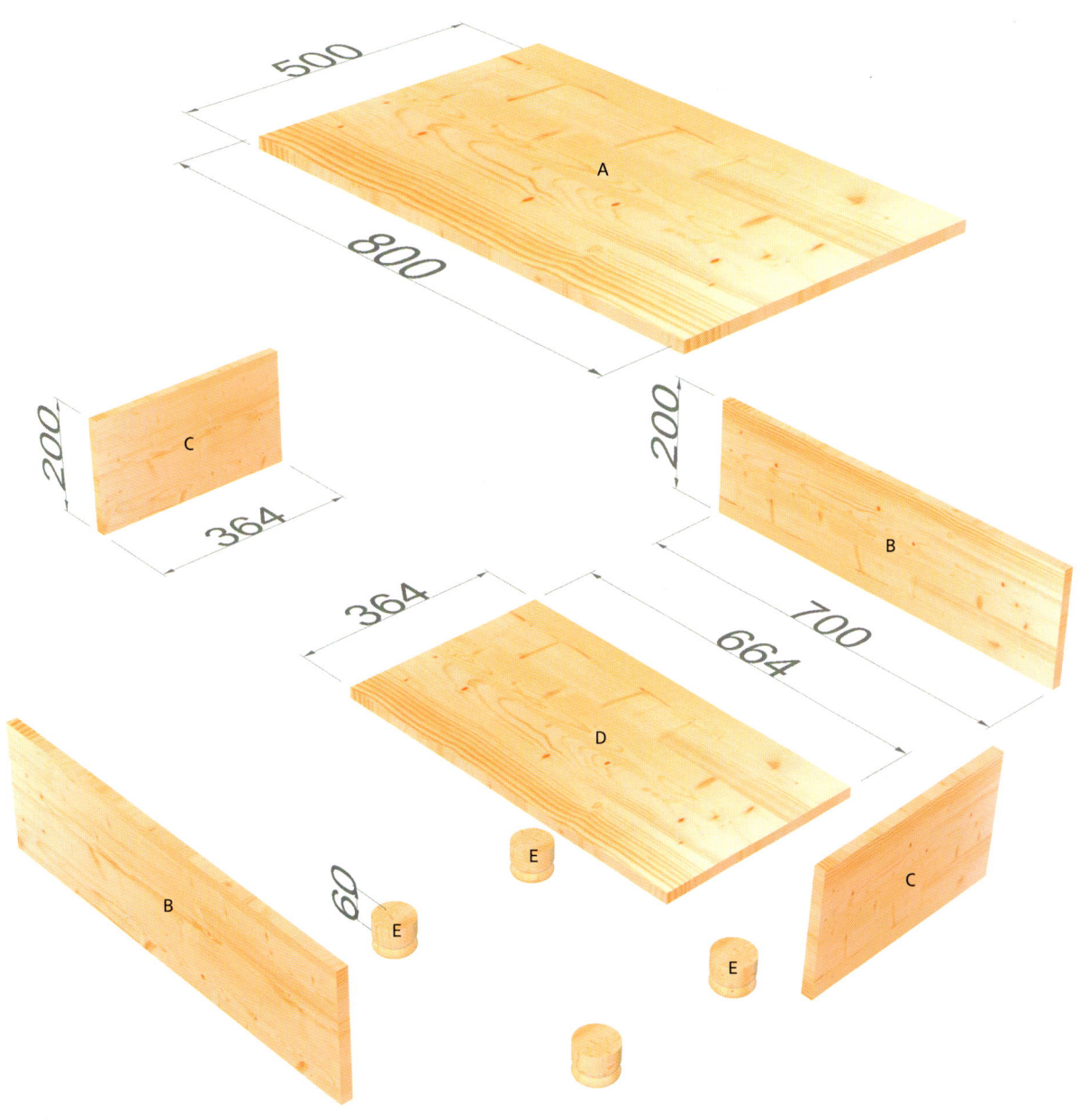

본체 (스프러스 18mm)

- A 뚜껑 800 × 500 · 1개
- B 앞뒤판 700 × 200 · 2개
- C 측판 364 × 200 · 2개
- D 바닥판 664 × 364 · 1개
- E 원목다리 직경 80, 높이 60mm · 4개

부자재

- 나사 4 × 50 · 50개
- 나사 4 × 30 · 20개
- 나무못 8 × 40 · 50개
- 나비 경첩 12mm 금색 나사 12개 포함 · 2개

본체와 다리 기둥 만들기

01 쓰고자 하는 글씨는 컴퓨터를 이용해 인쇄한다. 먹지를 대고, 앞판에 형태를 그려준다. 여기서는 '홀로 외로이 차를 즐긴다'라는 다도의 의미를 내포한 '유독한상(幽獨閑賞)'이란 사자성어를 새겨 넣었다.

02 트리머는 엄청난 속도로 목재를 깎아 내므로 소음과 먼지가 심해 보안경이나 방진 마스크 등을 착용하는 것이 좋다. 글씨를 새길 때 한꺼번에 완성하려 하지 말고, 약 3mm 정도씩 가볍게 반복해 깎는다.

03 바닥판과 측판이 정확히 직각을 이루도록 위치를 잡은 후 겹치는 부분에 세 군데 정도 나사못을 박는다. 구멍은 드릴의 헤드부분까지 깊숙이 크게 내 추후 나무못을 박을 수 있도록 한다.

04 앞판과 뒤판을 나사못으로 부착한다. 각 모서리가 정확히 들어맞도록 유의하며 작업한다.

발과 경첩 달기

05 상자 바닥면의 각 모서리에 4개의 다리를 부착한다. 이때 직접 나무 다리를 바닥판에 붙이고, 내부에서 드릴로 못을 박는 것이 편리하다. 못은 상자 내부에서 박아주는데, 삼각형의 형태로 세 곳을 박아야 튼튼하게 완성된다.

06 무거운 상판을 위로 열어 젖혀야 할 때는 나무에 단단히 고정될 수 있는 피아노 경첩을 사용한다. 경첩은 매우 길기 때문에 실톱으로 잘라 사용한다. 여기서는 695mm 길이로 자른다.

07 상판 안쪽 면에 경첩을 단다. 가로, 세로면 끝에서 각각 5mm씩 떨어진 부분에 경첩을 놓고 나사못으로 고정시킨다.

08 만들어 놓은 수납함에 상판을 올려 놓고 피아노 경첩을 바깥에서 보이게 빼 자리를 잡고 나사못으로 단단히 고정한다.

09 면과 면을 이으며 나사못으로 고정한 부분은 드릴 구멍이 뚫려 있다. 이 부분마다 나무못을 꽂은 후 망치로 두드린다. 남는 부분은 사진처럼 플러그톱으로 잘라 깔끔하게 마무리하면 된다.

마무리 작업하기

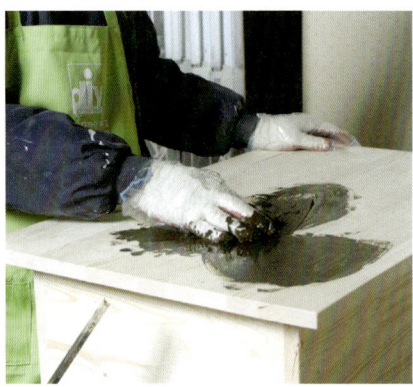

10 사포로 각이 진 모서리와 단면을 문질러 거친 부분이 없도록 마무리를 한다. 사포질은 나뭇결 방향을 따라 해야 한다. 전문가가 주로 이용하는 샌딩기라면 빠르고 손쉽게 할 수 있지만 먼지가 많이 날려 좁은 공간에서는 사용하기 어렵다.

11 헝겊에 스테인을 묻혀 상자 내부-외부-상판-바닥판 순으로 가볍게 두루 바른다. 유성스테인은 면 헝겊에 묻혀 사용해야 페인트의 소모를 줄이고 작업이 편하다. 착색 후에는 유성 스테인은 헝겊으로 닦아 낸다.

Tip

끌 사용법과 관리법

목재를 홈을 파서 연결할 때 주로 사용하는 도구가 루터나 트리머다. 그러나 이러한 전동공구 말고 직접 손맛을 느낄 수 있는 끌도 사용해 볼 만하다.

❶ 끌을 사용하기 전에는 목재를 단단히 고정시키는 것이 중요하다. 처음이라면, 자투리 목재에 어느 정도 연습을 한 다음, 실전에 들어간다.

❷ 끌의 규격은 칼의 너비로 표시하는데, 6~50mm 다양하며, 그중 주로 쓰는 것이 14~20mm이다.
끌을 절단선 안쪽에 위치시키고 칼의 평평한 면이 절단선을 향하도록 한 뒤, 망치로 머리 부분을 내리쳐 목재를 파낸다.

❸ 절단선에 맞춰 목재가 잘려나갔으면, 끌로 파인 부분의 표면을 정리한 후, 줄이나 사포로 샌딩하면 된다.

❹ 사용이 끝난 끌은 마른 걸레로 깨끗이 닦은 뒤, 봉입 시 동봉된 커버에 씌워 칼날을 보호해야 한다.
날이 무뎌지면 깔끔하게 홈을 팔 수 없으니 자주 갈아줘야 한다. 숫돌을 사용해 검지 손가락으로 날끝을 눌러주며 갈면 된다.

표면의 단단함을 알 수 있는 수치 환산표

Brazilian Walnut Lapacho	3,684	Zebrawood	1,575
Cumaru / Brazilian Teak	3,540	True Pine, Timborana	1,570
Ebony	3,220	Peroba	1,557
Brazilian Redwood / Paraju	3,190	Kambala	1,540
Angelim Pedra	3,040	Sapele / Sapelli	1,510
Bloodwood	2,900	Curupixa	1,490
Red Mahogany, Turpentine	2,697	Sweet Birch	1,470
Spotted Gum	2,473	Hard Maple / Sugar Maple	1,450
Brazilian Cherry / Jatoba	2,350	Coffee Bean	1,390
Mesquite	2,345	Natural Bamboo(represents one species)	1,380
Santos Mahogany, Bocote, Cabreuva	2,200	Australian Cypress	1,375
Pradoo	2,170	White Oak	1,360
Brushbox	2,135	Tasmanian Oak	1,350
Karri	2,030	Ribbon Gum	1,349
Bubinga	1,980	Ash (White)	1,320
Cameron	1,940	American Beech	1,300
Tallowwood 1	933	Red Oak (Northern)	1,290
Merbau	1,925	Carribean Heart Pine	1,280
Amendoim	1,912	Yellow Birch	1,260
Jarrah	1,910	Movingui	1,230
Purpleheart	1,860	Heart Pine	1,225
Goncalo Alves / Tigerwood	1,850	Rose Gum	1,125
Hickory / Pecan, Satinwood	1,820	Makore	1,100
Afzelia / Doussie	1,810	Boreal	1,023
Bangkirai	1,798	Black Walnut	1,010
Rosewood	1,780	Teak	1,000
African Padauk	1,725	Sakura / Black Cherry	950
Blackwood	1,720	Boire	940
Merbau	1,712	Cedar	900
Kempas	1,710	Southern Yellow Pine	870
Locust	1,700	Chestnut	540
Highland Beech	1,686	Hemlock	500
Wenge, Red Pine	1,630	White Pine	420

※ 미국의 원목마루바닥 업계에서 표준으로 사용되는 목재의 경도(Hardness)수치 중 'Janka'라는 수치가 있다. 이는 나무의 경도를 수치화해서 표현한 것으로, 마루에 물체가 떨어졌을 때 찍힘의 정도를 나타낸다. 숫자가 높을수록 단단한 나무다.

24

Oriental Console

오리엔탈 콘솔

- - -

소요시간 **10시간**
난이도 **상**

시중에 판매되는 원목 콘솔은 가격도 만만치 않거니와 지나치게 고풍스러운 디자인으로 기존 가구와 매치시키기도 쉽지 않다. 우리 집에 어울리는 오리엔탈 콘솔은 공정이 다소 복잡하지만, 부드러운 곡선미로 실내에 우아함을 선사할 것이다.

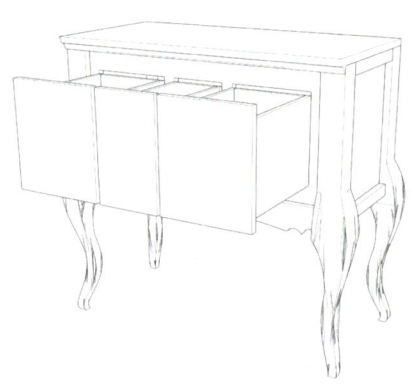

Sense Up

01 콘솔의 몸체를 이루는 네 개의 판은 다리 기둥에 끼워 연결하는 형태로 진행한다. 우선 네 개의 판에 홈을 파주고 면이 끼워질 다리 기둥에는 그 홈의 길이와 너비만큼 파주는 것이 포인트.

02 콘솔의 곡선 다리는 직접 만들기 까다로우므로 공방에서 만들어진 제품을 구입하는 것도 좋은 방법이다. 서랍의 앞판 보조목의 무늬도 공방에 함께 부탁한다.

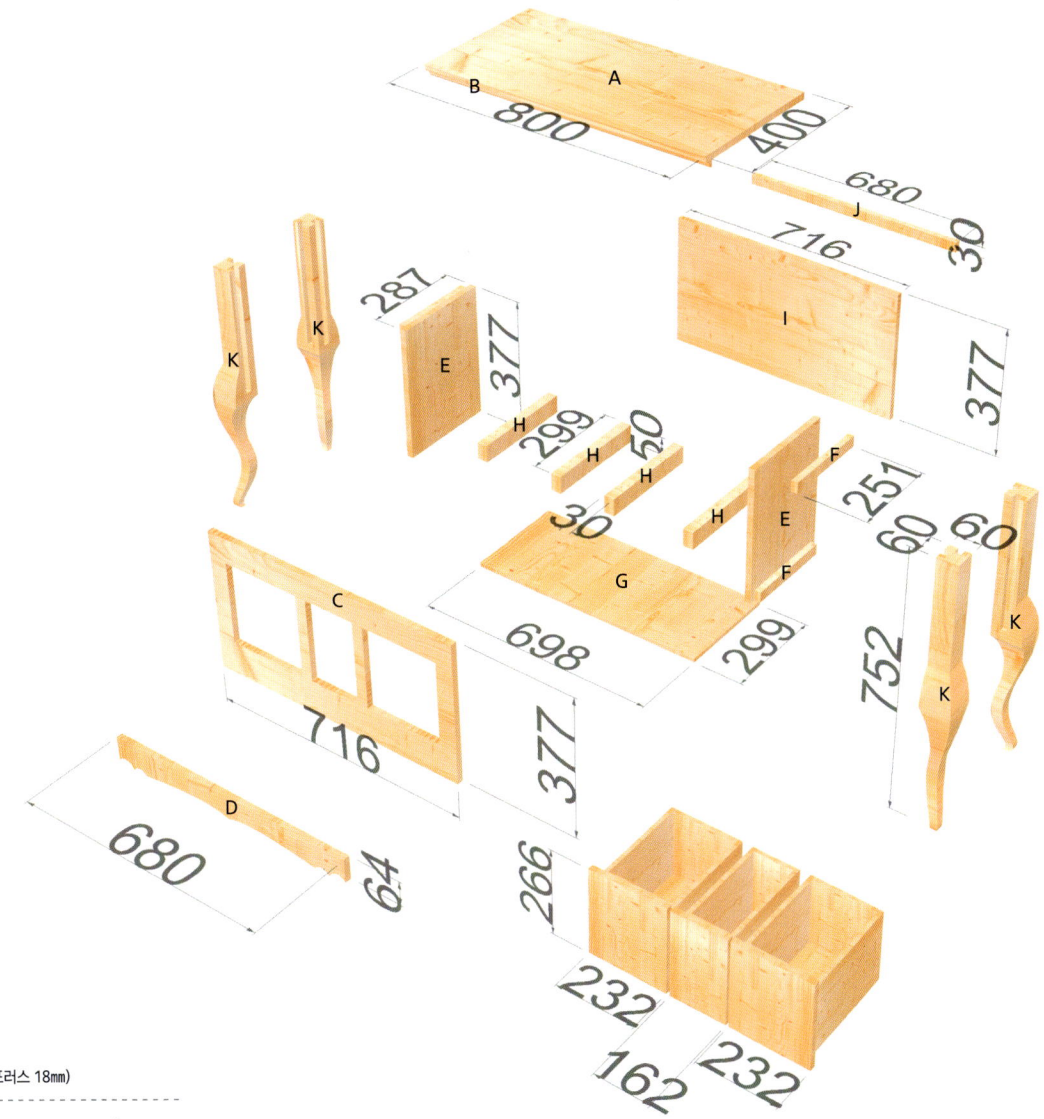

본체 (스프러스 18mm)

A 상판 800 × 400 · 1개
B 상판몰딩 800 × 30 · 1개
C 앞판 716 × 377 · 1개
D 앞판보조목 680 × 64 · 1개
E 측판 377 × 287 · 2개
F 측판보조목 251 × 30 · 4개
G 바닥판 698 × 299 · 1개
H 레일보조목 299 × 50 · 4개
　(레드파인 30mm)
I 뒤판 716 × 377 · 1개
J 뒤판보조목 680 × 30 · 1개
K 다리 (미송 90각) 752(길이) · 4개

가운데 서랍 (시더 12mm)

앞판 162 × 266 · 1개
　(스프러스 18mm)
앞뒤판 138 × 199 · 2개
측판 289 × 211 · 2개
바닥판 289 × 114 · 1개

서랍 2, 3 (시더 12mm)

앞판 232 × 266 · 2개
　(스프러스 18mm)
앞뒤판 185 × 199 · 4개
측판 289 × 211 · 4개
바닥판 289 × 185 · 2개

부자재

손잡이 1구
35mm 손잡이 나사 3개 포함 · 3개
나사 4 × 50 · 100개
나사 4 × 30 · 50개
나무못 8 × 40 · 50개
플라스틱 레일 길이 280mm
12mm 금색 나사 24개 포함 · 6개

다리와 몸체 만들어 연결하기

01 서랍의 입구로 사용될 앞면에는 서랍이 들어갈 공간만큼 직사각형을 그려 직소로 따낸다.

02 몸체 부분을 이루는 4면의 부재 가로·세로 면에 일자 트리머로 홈을 파준다.

03 앞면은 홈이 파여진 부분에, 뒷면은 홈이 파여지지 않은 부분에 지지대를 고정시킨다. 지지대 길이는 홈이 파지지 않는 가로 길이와 동일하다.

04 콘솔 몸체에 들어갈 네 개의 면에 파놓은 홈의 길이와 너비만큼 다리에 홈을 파준다. 전동드릴을 이용해 여러 구멍을 낸 후, 끌로 긁어내면서 홈을 파낸다. 경우에 따라선 소화하기 힘든 작업으로, 주변 공방에 해당 작업을 의뢰하는 것도 방법이다.

05 다리와 본체를 연결한다. 다리에 가로 앞뒤면을 먼저 끼워주는 것이 작업에 편리하다. 앞뒤면은 고정된 각재가 아래로 오도록 한 뒤 다리에 끼운다. 가로면 끼우기가 완성되면 세로면을 조립한다. 나무망치로 두드리면서 작업한다.

06 완성된 다리와 본체를 나사못으로 고정시킨다. 끼워 맞춰진 본체를 단단히 부착시키기 위해 전동드릴을 이용해 비스듬히 사선으로 위아래를 고정한다.

Close Up

다리에 홈을 파는 방법

다리에 홈을 파 각 부분을 연결하는 방식은 가구의 공정을 깔끔하게 할 뿐 아니라, 안정성도 높아진다. 홈을 팔 때는 홈에 끼워질 판의 길이와 너비까지 고려해야 하는데, 이는 홈에 들어가는 너비에 따라 가구의 너비가 변경될 수도 있기 때문이다. 홈을 처음부터 넓게 파게 되면 후에 변경하기가 어려우므로 딱 맞거나 약간 좁은 듯 파주는 것이 좋다.

세 개의 서랍 만들기

07 우선 'ㄱ'자 모양으로 서랍의 바닥과 측판을 두 군데씩 박아 고정시킨 다음, 나머지 면의 판을 차례대로 부착해 서랍을 완성한다.

08 서랍 상자에 PVC 레일을 바닥에 고정시킨다. 레일을 적당한 길이로 잘라 서랍 바닥에 12㎜ 나사못을 이용해 부착한다. 이때 레일은 두 줄이 밑으로 가게 해서 고정한다.

09 서랍 앞판을 고정시킨다. 앞판의 위치 선정이 중요한데, 콘솔 내부에 놓여진 레일대의 높이만큼 앞판이 아래로 내려오게끔한 뒤 고정해야 한다.

10 앞판이 완성되면 손잡이를 단다. 손잡이를 달곳에 드릴로 먼저 구멍을 내준 뒤, 구멍으로 나사를 끼우고 손잡이를 손으로 돌려 맞춘다.

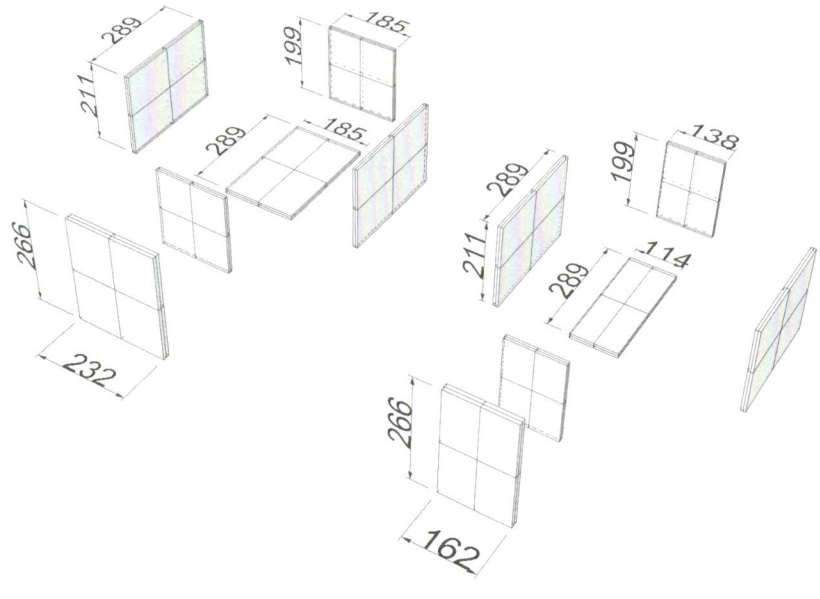

페인트 칠하기

11 도장 전에 #220 사포로 가볍게 샌딩한 후 표면의 먼지나 이물질을 닦아 정리한다. 특히 콘솔 정면 하단 지지대 부분을 꼼꼼하게 문질러 부드럽게 만든 후, 검은 톤의 밀크페인트를 이용해 2~3회 결을 따라 도포한다.

12 고가구의 느낌을 연출하기 위해서는 샌딩 작업이 필수다. 밀크페인트가 마르면 #220 사포로 모서리를 가볍게 샌딩한다.

13 붉은색 글레이즈를 가구 전체에 바른 뒤 바로 닦아낸다. 글레이즈는 가구에 광택을 주고 사포로 벗겨진 부분에 컬러를 입혀주는 역할을 한다. 글레이즈가 마르면, 투명 코팅 마감재로 마무리한다.

25

Classic Wine Celler

클래식 와인셀러

소요시간 **20시간**
난이도 **상**

와인은 보관이 중요하기 때문에, 전용 수납 공간을 찾는 이들이 많다. 다소 장식이 많아 까다롭지만, 앤틱하고 클래식한 멋이 함께 살아있는 나만의 가구를 만들어 보자.

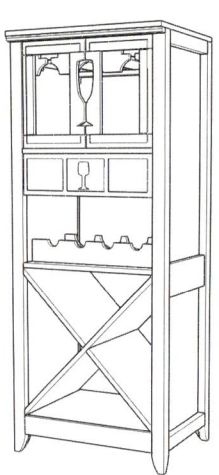

Sense Up

01 장식이 많은 가구는 자칫 지저분해 보일 수 있다. 되도록 단색으로 칠을 하고, 유광을 주면 한결 고급스럽게 보인다.

02 앞면 장식을 위해 계단 지지목이나 굴곡이 있는 다리 기둥을 반을 갈라 덧댄다. 매우 간단한 작업이지만, 큰 장식 효과를 낼 수 있다.

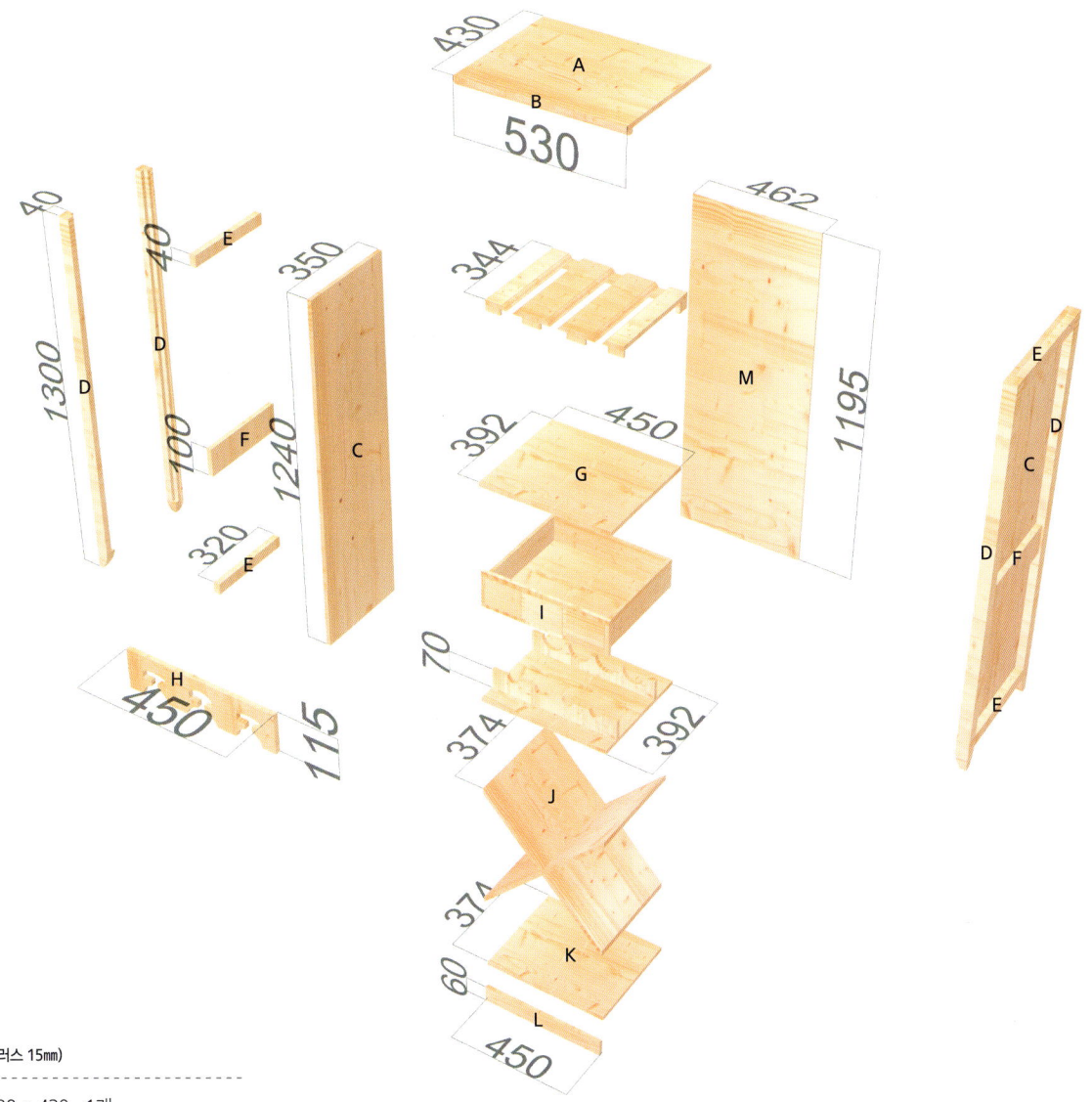

본체 (스프러스 15mm)

A 상판 530 × 430 · 1개
B 상판보조목 530 × 30 · 1개
C 측판 1,240 × 350 · 2개
D 측판기둥목 1,300 × 40 · 4개
E 측판보조목1 320 × 40 · 4개
F 측판보조목2 320 × 100 · 2개
G 가로판 450 × 392 · 2개
H 와인잔수납선반앞판 450 × 115 · 1개
I 서랍앞판 446 × 127 · 1개
J 와인수납×자 652 × 374 · 2개
K 바닥판 450 × 374 · 1개
L 걸레받이 450 × 60 · 1개
M 뒤판 (미송합판 5mm) 1,195 × 462 · 1개

와인잔 수납 선반 (스프러스 15mm)

걸이대1 344 × 71 · 2개
걸이대2 344 × 123 · 2개
보조목1 40 × 20 · 2개
보조목2 50 × 20 · 2개
보조목3 60 × 20 · 2개
가로보조목 450 × 40 · 1개

서랍 (시더 12mm)

앞뒤판 400 × 88 · 2개
양측판 362 × 100 · 2개
바닥판 400 × 362 · 1개

문짝 (스프러스 15mm)

가로목 221 × 40 · 4개
세로목1 237 × 40 · 2개
세로목2 237 × 50 · 2개

부자재

나사 4 × 50 · 100개
나사 4 × 30 · 100개
나무못 8 × 40 · 50개
빠찌링 철 4개, 12mm 금색 나사
　　　 16개 포함 · 4개
철 레일 길이 350mm, 12mm 금색 나사
　　　 20개 포함 · 1조
나비 경첩 12mm 금색 나사 24개 포함 · 4개

본체와 다리 기둥 만들기

01 우선 다리를 제작한다. 와인장 높이에 맞춰 긴 각재를 준비하고, 이를 'ㄱ'자 모양으로 가운데 부분을 파낸다.

02 다리의 하단부. 미려한 모습을 위해 바닥 부위는 매끄럽게 빼주는 것이 좋다. 와인장 뒤쪽에 붙을 다리는 홈을 하나 더 파서 뒤판을 끼울 수 있도록 만든다.

03 좌우 측판에 다리를 연결한다. 다리의 'ㄱ'자로 파진 부위에 측판을 채워 넣고 나사못을 이용해 단단하게 고정시킨다.

04 완성된 측판을 모아 바닥판을 연결한다. 측판에서 바닥판 쪽으로 나사못을 박아 부착한다.

다양한 내부 요소 제작

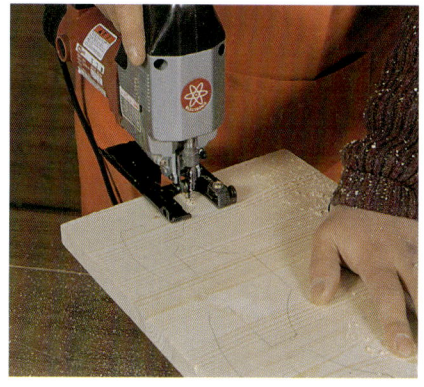 

05 와인장 내부에는 와인잔 걸이, 와인병 걸이, 와인병 수납코너가 들어가게 된다. 우선 도안을 만들어 각기 재단된 목재에 스케치한다. 와인잔 걸이는 잔의 크기를 달리해 도안을 짠다.

06 직소를 이용해 스케치대로 모양을 따낸다. 와인병 걸이는 병의 뒤쪽과 병목 쪽의 크기를 달리해야 고정시킬 수 있다.

07 완성된 와인잔 걸이와 와인병 걸이.

내부 수납 코너 만들기

08 와인병을 쌓아 둘 수 있는 십자 수납 공간을 만든다. 재단된 목재에 같은 길이로 홈을 판다.

09 홈끼리 이어서 십자형의 선반을 만들어 준다.

10 십자 선반을 본체에 끼우고 그 위에 이를 고정시키는 가로 칸막이를 댄다. 십자 칸막이는 빼고 넣을 수 있게 해도 좋고, 나사못을 이용해 고정시켜도 된다.

11 가로 칸막이 위에 와인병 걸이를 부착한다. 와인병은 누워 두는 것이 보관 방법이므로, 앞쪽은 병목 크기로, 뒤쪽은 병 크기로 홈을 파 보관할 수 있게 한다.

12 와인병 걸이 부착이 끝나면, 그 위로 가로 칸막이를 하나 더 만든다. 이는 서랍이 들어갈 공간을 나누어 주는 역할을 한다.

13 본체의 상판을 연결한다. 위에서 아래 방향을 향해 나사못을 이용해 연결한다.

14 와인잔 걸이를 지탱해 줄 수 있는 지지대와 각재를 이어붙인다. 나사못이 보이지 않게 하려면 지지대마다 작은 각재를 덧대고 거기에 나사못을 박는다.

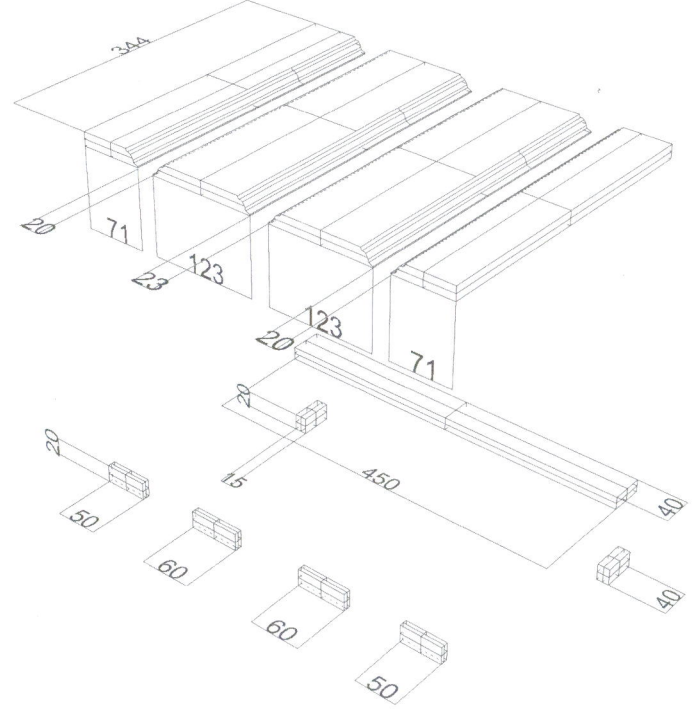

15 본체를 거꾸로 놓고, 제일 상단에 와인잔 걸이를 부착한다. 역시 각재를 대어 나사못을 박기 때문에 밖으로는 깔끔한 외관이 완성된다.

두 번째 칸 서랍달기

16 서랍을 달 수 있도록 와인장 두 번째 칸에 레일을 부착한다.

17 본체의 폭에 맞춰서 서랍장을 하나 만든다. 이는 와인따개나 코르크 등을 보관할 수 있는 공간으로 서랍에 레일과 앞면을 달아준다.

18 와인잔 모양으로 가공한 손잡이를 만들어 서랍에 단다. 여닫이문의 와인장 손잡이와 세트를 이룰 수 있다.

여닫이문 만들기

19 여닫이문 제작하기. 손잡이 대신 와인잔 무늬로 곡선을 따 한 변과 세 변을 연결해 문을 짠다.

20 측면에 동색 나비 경첩을 나사못을 이용해 부착한다. 반대로 똑같은 문을 만들어 한 쌍을 제작한다.

21 여닫이문을 와인장 본체에 연결한다. 경첩의 나머지 구멍을 이어 본체에 나사못을 박는다.

22 문을 여닫을 때 고정시킬 수 있는 자석을 본체에 붙여 준다. 중심선을 체크하고 문을 닫았을 때 밖으로 보이지 않도록 정확하게 고정시킨다.

23 여닫이문 하단부에 자석에 부착되는 쇠장식을 대어 준다. 닫힌 문을 열려고 할 때 일정한 힘을 줘야 문을 열 수 있다.

마무리 작업

24 앤틱한 분위기를 만들 수 있도록, 기성품으로 판매되고 있는 클래식한 기둥을 본드와 못을 이용해 부착한다. 이때는 나사못이 아니라 작은 일반못을 이용해 박는다.

25 뒷면에 합판을 부착한다. 미리 다리 기둥에 홈을 파 놓았기 때문에 그 홈에 맞춰 합판을 끼우고, 나사못으로 고정한다.

26 다리가 상하지 않도록 고무 패드를 부착한다. 패드 가운데 나 있는 구멍을 통해 못으로 고정시킨다.

27 오크색의 우드쉰(Wood-Sheen)을 헝겊이나 붓으로 충분히 바르고 2~3분 후에 천으로 닦아 낸다. 약 2시간 후 재도장이 가능하며 2~3회 반복한다.

나무 각 부분의 성질 알기

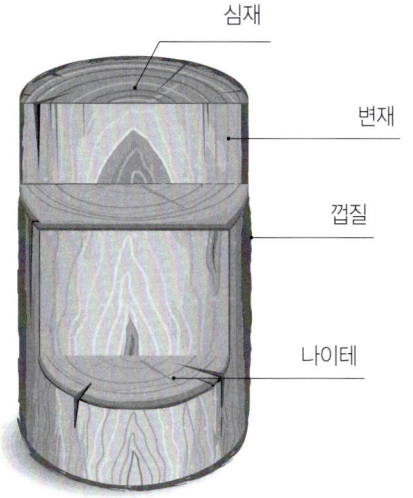

심재
변재
껍질
나이테

목표와 목리

제재되어 판재가 된 재료에서 나무껍질에 가까운 쪽을 목표라 하고, 반대로 중심에 가까운 쪽을 목리라고 부른다. 나무의 바깥과 안쪽은 나이테의 단면으로 쉽게 구분할 수 있다.

가구를 제작할 때 이 목표와 목리를 잘 판별해 사용하면 좋다. 나무는 중심에 가까운 편이 수분이 적고, 나무껍질에 가까워지는 만큼 수분이 많다. 판재로 가공한 상태에서도 마찬가지다. 제재 후에 건조되는 과정에서 수분이 많은 부분이 증발도 많이 발생하므로, 목재 바깥쪽이 휘어지게 된다. 이러한 특성을 고려하지 않고 사용하면, 서랍이 열리지 않게 되거나 본체 자체가 어긋나기도 한다.

심재와 변재

나무의 중심에 가까운 것을 심재, 나무껍질에 가까운 것을 변재라고 부른다. 중심으로 갈수록 색이 진한 특징이 있다. 물리적으로 심재는 딱딱하고 강도도 세며, 나뭇결이 근사해 가구 제작에 좋다. 특히 의자의 다리 등 충분한 강도가 필요한 곳에는 심재를 주로 이용한다.

반면, 캐비닛 뒤판과 거울판 등 그다지 강도가 필요하지 않은 부분은 변재를 이용해도 괜찮다. 또 나무 안에는 심재와 변재의 색이 확연하게 구별되는 부분(부위)들도 있기 때문에, 일부러 그런 부분을 사용하여 강조하는 것도 재미있는 무늬가 될 수 있다.

공구 사용법부터 ←--→ 가구 제작까지

02
목공 DIY

Part 2-5

주방 가구

접시 선반 Dish Shelf
바퀴 달린 웨건 Rolling Wagon
야채 철망장 Vegetable Box
전자레인지 수납장 Built-in Oven Chest
아일랜드 식탁 Island Table

26

Dish Shelf

접시 선반

소요시간 **3시간**
난이도 **하**

주부들에게 인기가 높은 프로방스풍 접시 선반. 곡선을 살린 섬세한 디자인에 예쁜 접시를 세워둘 수 있는 벽걸이형 수납 아이템이다. 선반 아래쪽에는 원목으로 된 핀을 부착해 주방에서 쓰는 타월이나 앞치마 등을 걸어둘 수 있다.

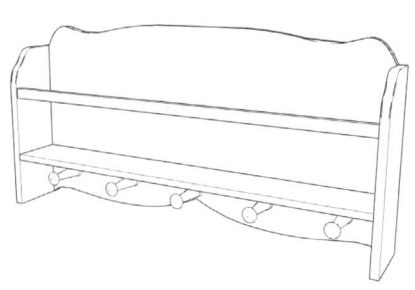

Sense Up

01 외관상 미를 고려해 메인판을 5등분하여 4개의 홈을 판다. 홈이 있는 곳에 나사못이 들어가면 목재가 쉽게 갈라지므로 주의해야 한다. 특히, 선반과 측판을 연결할 때, 선반의 홈 부위로 나사못이 들어가지 않도록 미리 확인해야 한다.

02 홈이 있는 목재판에 페인트를 바를 시에는 홈에 페인트가 고여 자칫 애써 낸 무늬를 망칠 수가 있다. 바르는 즉시 고이지 않도록 붓으로 쓸어내거나 천에 가는 나무를 끼워 닦아내야 한다.

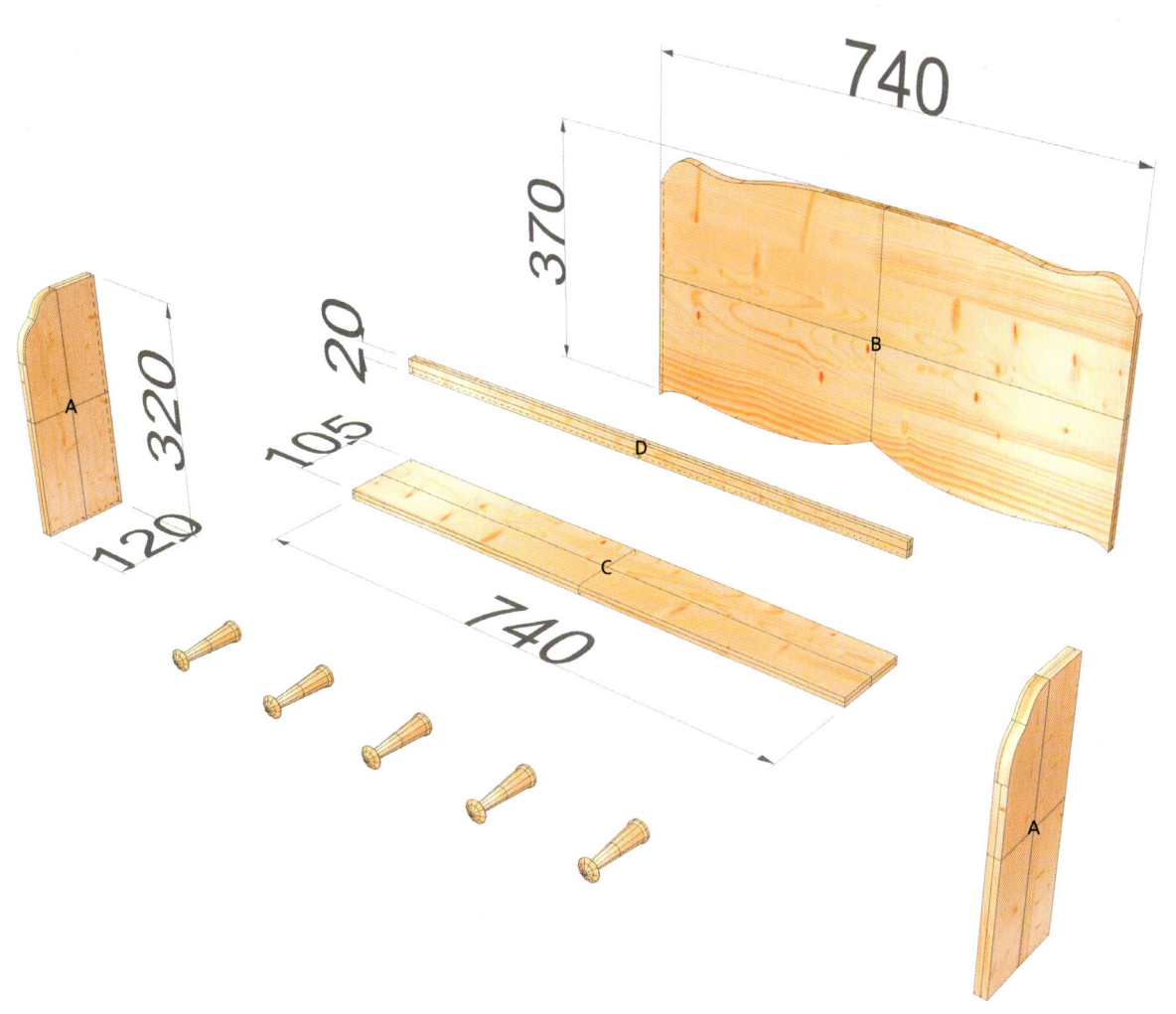

본체 (스프러스 15mm)

A 측판 320 x 120 · 2개
B 뒤판 740 x 370 · 1개
C 바닥판 740 x 105 · 1개
D 난간대 740 x 20 · 1개

부자재

옷걸이 목핀 4 x 50 나사로 고정 · 5개
삼각고리 12mm 금색 나사 4개 포함 · 2개

본체 조립하기

01 메인판에 연필로 곡선을 스케치한다. 목재판 위에 같은 간격으로 얇은 홈을 파면 간격의 균형을 맞춰 쉽게 곡선을 그을 수 있다

02 직소를 이용해 스케치에 맞춰 곡선을 따낸다. 홈 부위를 지나면서 날이 삐뚤어지지 않도록 주의한다.

03 접시를 세워둘 선반을 부착한다. 뒷면에서 나사못을 박아 고정시킨다. 선반에는 접시를 끼울 폭 1cm정도의 홈을 미리 파낸다.

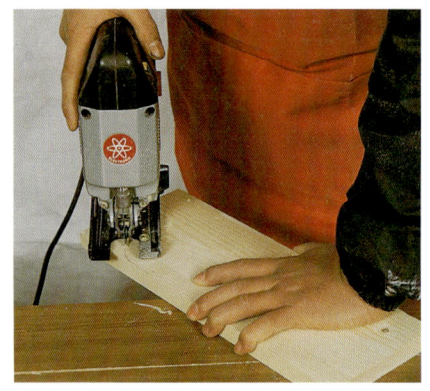

04 전체적인 디자인을 감안해 측판에도 곡선을 스케치한다. 직소를 이용해서 부드럽게 라운딩한다.

05 측판을 본체에 부착한다. 메인판에 먼저 세 개의 나사못을 박고, 이어 선반 측면에도 연결한다. 선반의 홈 부위를 피해 작업해야 갈라짐을 막을 수 있다.

06 접시가 앞으로 떨어지는 것을 방지하는 난간대를 선반 위로 부착한다. 나사못을 이용해 측판과 고정시킨다.

07 하단부에 물품들을 걸어둘 원목 목핀을 박는다. 메인판 뒷면에서 목핀을 향해 나사못으로 고정한다.

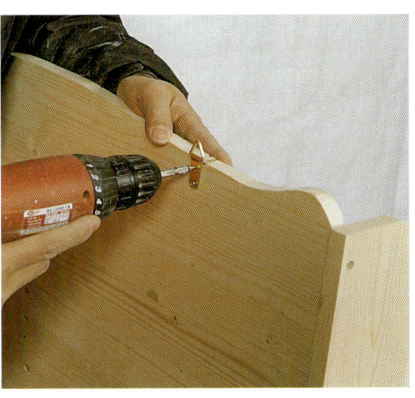

08 뒷면에 고리를 부착한다. 끝에서 1/5 지점에 철제 고리를 걸고 나사못으로 고정한다.

가구 보수, 이럴 땐 이렇게

담뱃불에 의한 그을음
홈집을 메우는 광택제로 문지르거나 아마인유와 트리폴리석으로 그을음이 없어질 때까지 나뭇결에 따라 닦아낸다.

불에 데인 자국
건조한 강철솜 비누받침이나 장뇌유나 광물성 알코올 젖은 수건에 묻혀 나뭇결에 따라 닦아내거나 아주 고운 강철솜으로 부드럽게 문지른다. 깨끗이 처리한 후 왁스나 광택제를 바른다.

메니큐어
흘린 것을 닦고 왁스를 묻힌 고운 강철솜으로 문지른다. 그 후에 왁스칠이나 광택을 낸다.

페인트 자국
금방 흘린 것이라면 라텍스페인트의 경우 물과 광물성 알코올이 함유된 유성페인트로 제거한다. 이미 말라 버렸다면 그 부분에 아마인유를 흠뻑 묻힌 다음 페인트가 말랑해진 후에 퍼티용 흙손으로 드러내거나 끓인 아마인유를 묻힌 천으로 닦아낸다. 닦아낼 때 묻어난 찌꺼기는 아마인유와 트리폴리석으로 나뭇결에 따라 제거한다. 닦은 뒤에 왁스칠이나 광택을 낸다.

스티커
스티커는 샐러드 기름으로 흠뻑 적셔 놓고 5분간 기다린 다음 매우 고운 강철솜으로 나뭇결에 따라 문지른다. 깨끗이 닦은 후 왁스칠이나 광택을 낸다.

왁스나 껌
얼음을 천에 싸서 대놓고 물질을 딱딱하게 한 후 손톱이나 플라스틱 카드 등으로 떼어낸다. 그리고 그 부분을 광물성 알콜을 묻힌 강철솜에 묻혀 문지른다. 닦은 후 왁스칠이나 광택을 낸다.

빈티지풍 페인팅하기

09 도장 전에 #220 사포로 가볍게 샌딩한 후 표면의 먼지나 이물질을 닦아내고 밀크페인트 레드페퍼(Red Pepper) 색상을 2회 도포한다.

10 무색 코팅 도료를 바른 후, 건조되면 그 위에 밀크페인트 코스탈 블루(Coastal Blue) 색상을 2회 도포한다.

11 #220 사포로 모서리 부분을 가볍게 샌딩해주면, 푸른 색상이 벗겨지면서 바탕의 붉은 색상이 언뜻 비치기 시작한다. 왁스를 수차례 도포하면 빈티지풍의 작은 선반이 완성된다.

Close Up

목재판 표면에 얇은 홈을 내는 방법

가정에서 홈을 만들기는 쉬운 일이 아니다. 끌이나 조각도로 섬세하게 작업해야 깊이가 일정한 홈을 만들 수 있다. 공방이나 근처 목공소, 온라인 쇼핑몰에서 목재 주문 시 홈을 미리 요청하는 편이 낫다.

주방 가구의 소재와 마감

자체 방부 효과가 있는 천연목

천연방부목은 인공적인 약제를 사용해 처리한 제품이 아니다. 목재 자체가 방부 처리를 하지 않음에도 불구하고 방부목과 유사한 성능을 유지하기 때문에 붙은 이름이다.

이러한 천연방부목으로는 침엽수 중에는 스기(레드시더 : 적삼목)가 있으며, 홍송도 문이나 계단, 창호 등을 만들 때 사용된다. 활엽수 중에는 방킬라이(발라우), 캔바스, 멀바우, 아이런우드(빌리안), 자라목, 이페, 유칼립투스 등이 있다. 활엽수는 일반적으로 침엽수보다 단단하고 무거운 편. 즉 활엽수는 침엽수에 비해 비중이 높다.

목재의 비중이 높다는 것은 결국 목재를 이루고 있는 세포의 벽이 훨씬 더 두껍다는 이야기다. 두꺼운 세포벽은 강도와 경도가 증가하게 되고 목재 내의 빈 공간이 감소하게 된다. 더불어 두꺼운 세포벽의 경우 수분을 제거하기도 어렵지만, 반대로 제거된 수분이 다시 침투하기도 쉽지 않다.

곤충 분비물로 만든 천연마감재, 셸락

셸락은 인도에서 나는 곤충의 분비물에서 얻는 수지로, 불순물을 제거한 것을 눌러 분쇄시킨 다음 도료로 사용한다. 인체에 무해한 성분으로 의료용, 식품용 코팅제로도 쓰인다. 일반 셸락을 정제한 제품은 투명도가 높아 연한 파스텔 가구나 나뭇결을 살리는 가구를 색칠할 때 사용하면 좋다. 셸락은 한 가지 도료로 농도를 조절하여 프라이머 효과부터 코팅 효과까지 낼 수 있다.

음식이 직접 닿은 부위엔 샐러드볼 전용 마감재

음식이 직접 닿을 수 있는 부위 등은 '샐러드볼 피니쉬'라고 소개되는 제품을 바를 수도 있다. 일종의 우리나라 목기에 바르는 옻이라고 보면 된다. 그릇 자체에 윤기를 내기 위해 바르기도 한다.

27

Rolling Wagon

바퀴 달린 웨건

소요시간 **8시간**
난이도 **중**

웨건은 음식 준비에 필요한 요소들을 두루 갖추고 쉽게 운반할 수 있도록 만든 주방 가구이다. 마당에서 바비큐 파티를 할 때 요긴하게 쓸 수 있으며, 평상시에도 식탁 옆에 자주 쓰는 접시와 기구들을 두고 활용할 수 있다.

Sense Up

01 손잡이를 만드는 방법은 다양하다. 상판을 세 등분으로 폭을 달리해 연결하면 손이 들어갈 공간이 생길 수 있고, 사각 판재에 직소로 손잡이 모양을 따내도 된다.

02 웨건은 편리하게 이동시키는 수납장이기 때문에 좌우 어디로든 열 수 있는 서랍장을 마련하면 좋다. 특히 접시 선반은 2단 레일을 부착해 어느 방향으로도 쉽게 당길 수 있게 한다.

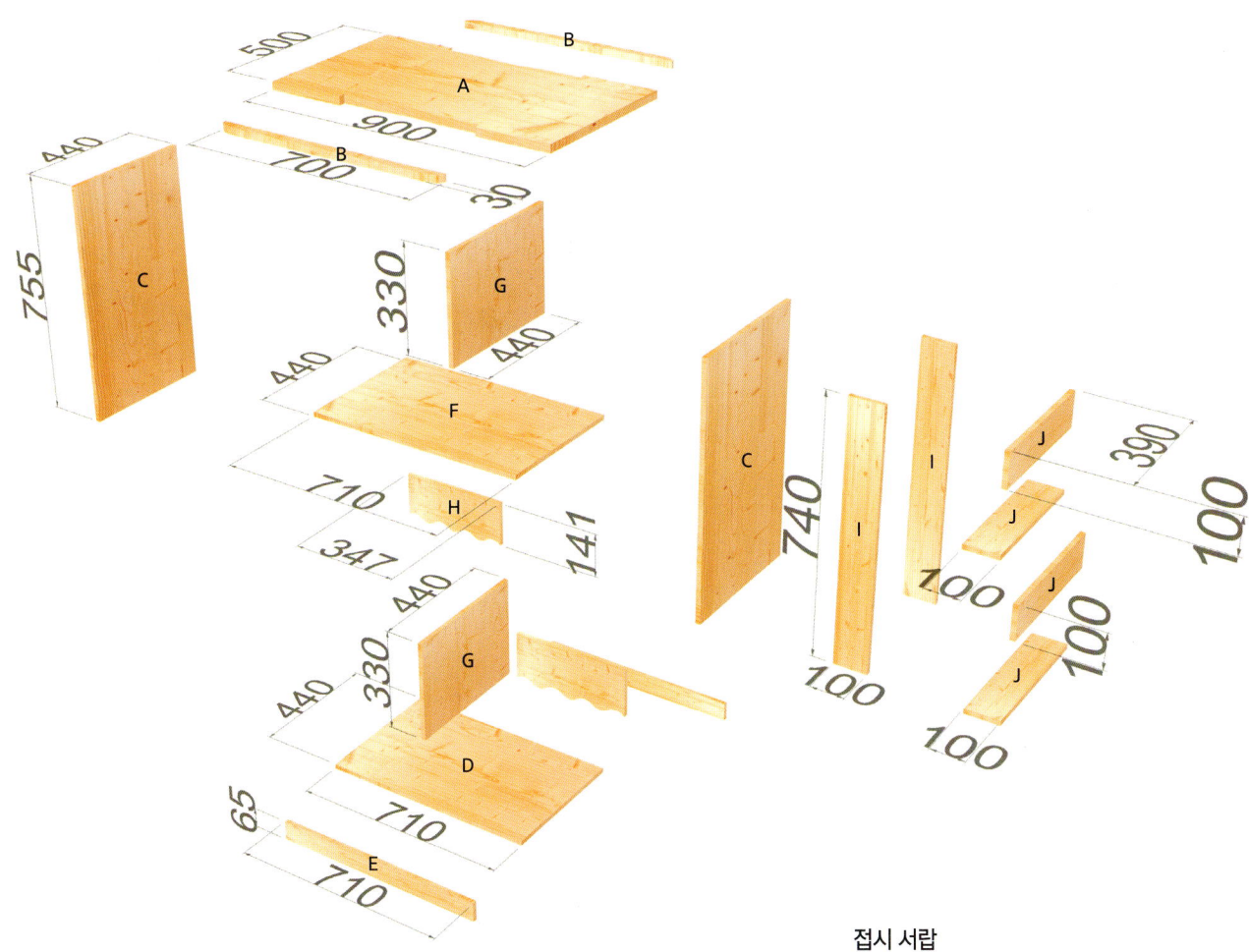

본체 (스프러스 15mm)

- A 상판(스프러스 24mm) 900 × 500 · 1개
- B 손잡이 700 × 30 · 2개
- C 측판 755 × 440 · 2개
- D 바닥판 710 × 440 · 1개
- E 걸레받이 710 × 65 · 2개
- F 가운데가로판 710 × 440 · 1개
- G 가운데세로판 440 × 330 · 2개
- H 보조판 347 × 141 · 2개

사이드 수납함

- I 세로판 740 × 100 · 2개
- J 가로판 390 × 100 · 4개

높은 서랍 (시더 12mm)

- 앞뒤판 319 × 196 · 2개
- 측판 410 × 175 · 2개
- 바닥판 410 × 166 · 2개

아래 서랍 (시더 12mm)

- 앞판(스프러스 15mm) 342 × 187 · 1개
- 앞뒤판 300 × 118 · 2개
- 측판 400 × 130 · 2개
- 바닥판 400 × 300 · 1개

접시 서랍

- 접시수납(레드파인 30mm) 410 × 50 · 4개
- 앞뒤판 487 × 80 · 2개
- 측판 410 × 80 · 2개
- 바닥판 457 × 410 · 1개

부자재

- 바퀴 높이 80mm, 경첩 나사 16개 포함 · 4개
- 철 레일 길이 400mm, 철 레일 나사 30개 정도 · 1조
- 2단 레일 길이 10mm, 양쪽으로 움직이는 레일 · 2조
  철 레일 나사 50개 정도
- 손잡이 1구 20, 35mm 손잡이 나사 2개 포함 · 2개
- 나사 4 × 50 · 100개
- 나사 4 × 30 · 50개
- 나무못 8 × 40 · 50개

본체와 칸막이 제작

01   본체를 제작한다. 좌우측의 판과 바닥판을 나사못으로 연결한다.

02   가로 칸막이를 하나 제작, 나사못을 이용해 연결한다. 웨건에는 총 3개의 서랍장이 들어간다.

03   가로 칸막이를 넣은 본체.

04   하단부에 걸레받이를 대준다. 추후 부착할 바퀴의 크기를 고려해 바닥판의 높이를 정해야 한다.

05   가로 칸막이 아래로 세로 칸막이를 댄다. 위에서 아래로 나사못으로 고정하고, 본체를 뒤집어 바닥에서 칸막이를 향해 나사못을 연결한다.

측면 수납 공간 만들기

06 측면에 수납공간을 만들 수 있게 프레임을 제작한다. 세로로 대어진 긴 바 아래로 판재를 가로로 한 번 더 대준다.

07 프레임은 나사못을 이용해 본체에 연결한다. 본체 안쪽에서 프레임 쪽으로 나사못으로 고정시킨다.

08 프레임 하단 부위에 판재를 덧대준다. 추후 웨건 좌측에 조리도구나 요리책을 넣어둘 수 있는 수납 공간이 된다.

09 왼편 수납장 중 윗부분은 가로막을 비스듬히 나사못을 연결한다. 물건을 넣고 꺼내기 쉽도록 하기 위해서다.

세 개의 서랍 만들기

10 앞면이 긴 세로 서랍을 우선 만든다. 모양을 내기 위해 앞뒤판은 약간 무늬를 내어 재단했다.

11 서랍의 손잡이를 원목으로 부착한다. 서랍 안쪽에서 손잡이 나사를 박아 손잡이를 연결하면 완성된다.

12 재단된 목재에 나사못을 연결해 작은 서랍을 만든다.

13 서랍에 부착할 철 레일은 'ㄱ'자형으로 모서리에 정확히 댄다. 12mm 나사못을 이용해 레일을 부착한다.

14 서랍의 앞판을 대고 25mm 나사못으로 연결한다.

접시 서랍 완성하기

15 접시 서랍을 만들어 줄 차례. 우선 얕은 높이의 넓은 사각박스를 만든다. 접시를 세로로 세워둘 공간이다.

16 서랍 안에 이어 붙일 접시꽂이대를 만든다. 각목에 스케치를 한 후, 접시가 들어갈 홈을 미리 파낸다.

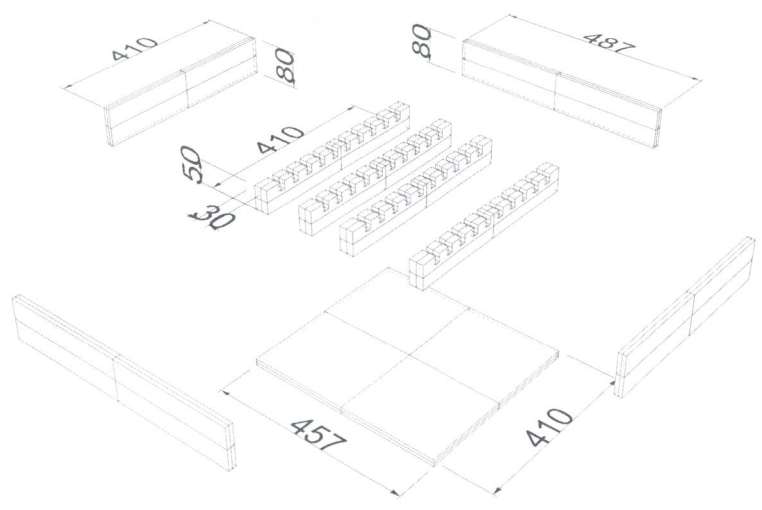

17 만들어둔 사각박스 안에 접시꽂이 각재를 넣고, 나사못을 이용해 부착한다. 이 부분은 식기가 닿을 공간이므로 되도록 깔끔하게 마무리한다.

상판 부착과 손잡이 만들기

18 서랍이 들어가는 반대편에 가로막을 댄다. 서랍이 밖으로 당겨져 있을 때, 외관상 레일이 드러나는 것을 막아주는 장치다.

19 하단 부위에 세로 칸막이를 연결한다. 이 칸막이의 오른쪽으로 접시 서랍이 들어간다.

20 상판을 본체에 연결한다. 본체의 기둥 부위를 정확히 체크하고 나사못을 위에서 아래로 박는다. 이 부분을 후에 나무못으로 메운다.

21 상판의 긴 변 가운데 부분을 직소를 이용해 파낸다. 이는 손이 들어갈 수 있는 공간을 만들어주는 것이다.

22 웨건을 밀고 당길 때 손잡이 역할을 하는 목재를 덧붙인다. 긴 각재 끝부분을 날씬하게 다듬고 상판에 나사못을 이용해 연결한다.

서랍 레일과 바퀴 달기

23 하단부 서랍이 들어갈 수 있도록 서랍 벽면에 레일을 부착한다. 아랫부분은 오픈된 수납 공간이고, 윗부분에 서랍을 넣게 된다.

24 접시선반을 부착할 2단 레일을 본체에 고정시킨다. 2단 레일을 사용하면 앞뒤 방향으로 서랍을 꺼낼 수 있어 편리하다.

25 2단 레일의 한쪽을 접시 서랍에 연결한다. 본체를 거꾸로 두고 작업하면 편리하다.

26 걸레받이 높이에 맞춰 바퀴를 부착한다. 360° 돌아갈 수 있는 바퀴에는 4개의 나사못 구멍이 나있다. 여기에 15mm 나사못을 박아 연결한다.

페인팅하기

27 도장 전에 #220 사포로 가볍게 샌딩한 후 이물질을 닦아내고, 서랍 앞면과 상판 부위는 브라운색 앤틱 왁스로 3~4회 도포한다.

28 나머지 부분은 밀크페인트 바질 색상으로 2회 도포한다. 건조 후에는 투명마감재로 1~2회 칠한다.

Close Up

사포질은 마감재를 고려해 세심하게

통상 제일 처음 하는 사포질은 80이나 100에서 시작한다. 제일 처음하는 사포질은 모든 목재의 흠이나 결함을 제거하도록 하고, 그 이후는 사포질로 생긴 흠만을 없애는 것을 원칙으로 한다. 가급적이면 80-100-120-150-180-220 순으로 연속적으로 사포질을 하는 것이 좋다.

대부분의 목재는 180까지의 사포질로 충분하다. 그러나 수성스테인을 사용할 경우는 220까지 하도록 한다. 오일 마감에는 150을 사용하면 된다.

우리나라 목재로 가구를 만들고 싶다면?

배나무 배나무는 결이 곧고 재질이 치밀하다. 배나무 중에서 돌배나무는 잘 썩지 않는다. 결이 곧아 비틀림이 적고 가구재, 조각재로 인기가 높지만, 소재가 아주 귀한 편에 속한다.

자작나무 박달나무의 형제인 만큼 단단하고 조직이 치밀하여, 벌레가 안 생기고 또 오래도록 변질되지 않는다. 해인사 팔만대장경의 일부와 도산서원에 있는 목판 재료로 쓰였다. 가격이 비싼 목재이기 때문에 가구 제작에 있어서 경제성이 떨어진다.

느티나무 귀목 또는 괴목이라고 불리는 느티나무는 이조가구와 같은 고가구 제조에서 제일로 치며 가장 많이 이용하는 목재다. 무늬와 색상이 아름답고 볼수록 오히려 정감이 들게 한다. 표면에 흠집이 잘 나질 않아 가구를 만들 때 오래 두고 사용하는 나무이다.

흑감나무 '타닌' 성분을 함유하고 있어서 검은색을 띠며 세월이 흘러도 그 색소가 변하지 않는다. 나무의 수분수축율이 크고 건조 과정에서 균열이 많이 가서 다루기가 까다롭지만, 인공미로는 따라갈 수 없는 고유한 자연 문양을 갖고 있다.

참죽나무 주로 붉은색을 띠며 결이 곧고, 단단하며 뒤틀림이 적어 골재목이나 가구 전면부에 사용된다.

단풍나무 재질이 치밀하지 못해 잘 갈라진다. 반면 나무질은 강해 체육관이나 볼링장 같은 곳의 바닥이나 각종 건축재, 가구재는 물론 악기 제작에도 사용된다.

오동나무 좀이나 벌레에 강하며, 습도 조절이 잘 된다. 특히 가구의 골재를 제외한 서랍, 옆널, 뒤벽 등 가구 내부에 70~80%를 사용한다. 빠른 성장 속도에 비해 뒤틀림이 적고, 표면이 부드러운 편이다.

대추나무 나이테를 찾아볼 수 없을 만큼 조직이 치밀해서 매끄러운 표면을 얻을 수 있다. 그리고 국산 수종 중에서 물속에 가라앉는 나무인만큼 비중이 크고 묵직하다. 그러나 재질이 굳고 단단할수록 건조시간이 길어지고, 까다로운 단점이 있다.

소나무 우리나라 수종의 대부분을 차지하는 소나무는 가장 일반적인 가구의 재료였다. 재질이 단단하고, 벌레가 잘 생기지 않으며 송진이 있어 습기에도 잘 견딘다.

잣나무 연하고 무늬도 아름다우며, 색도 좋고 틀어짐이나 수축과 팽창이 적다. 가볍기까지 하여 우리나라에서 가장 좋은 목재로 취급된다. 즉 고급가구에 주로 이용되는 재목이다. 송진이 적당하고 가공이 쉬워 조작재료로 많이 사용되며 향기가 아주 좋다.

버드나무 독이 없어 약방에서 고약을 다지는 데 쓰고, 나무 젓가락, 이쑤시개, 도마 등을 만들기도 했다. '텔레마이싱'이라는 성분이 함유되어 있어 상처가 나도 곪지 않고 결도 거의 없는 안전한 재목이다. 밝은 색을 띠어 상감 기법을 적용할 때도 쓰인다.

밤나무 귀신이 좋아하는 나무라 하여 제사상이나 위패를 만들 때 꼭 쓰이는 목재이다. 뿐만 아니라 철도 침목은 거의 밤나무로 만들어졌을 만큼 재질이 단단하고 '타닌'이라는 방부제 성분이 있어 잘 썩지 않으므로 다른 나무보다 수명이 길다.

28

Vegetable Box

야채 철망장

소요시간 **15시간**
난이도 **상**

은은한 바닐라 컬러의 프로방스풍 철망장. 정갈하고 깨끗한 느낌의 군더더기 없는 디자인으로 넉넉한 수납 공간까지 있어 활용도가 높다. 상판에는 철망 뚜껑이 달린 커다란 과일 박스를 얹어 더 실용적이다.

Sense Up

01 전자레인지 수납장과 마찬가지로 주방용 철망장의 뒷면 역시 합판을 두 개의 기둥 사이에 끼우는 형태로 진행된다. 기둥의 홈은 직접 파기 쉽지 않으므로 원목 재단 시 부탁하도록 한다.

02 문에 철망을 끼울 때는 트리머로 홈을 파 철망을 끼우게 된다. 그러나 트리머가 없을 경우라면 원목 재단 시 함께 부탁하거나 이 과정을 생략하고 철망을 바로 문 안쪽으로 고정할 수 있다. 단, 사용 시 손이 찔릴 위험이 있으므로 주의한다.

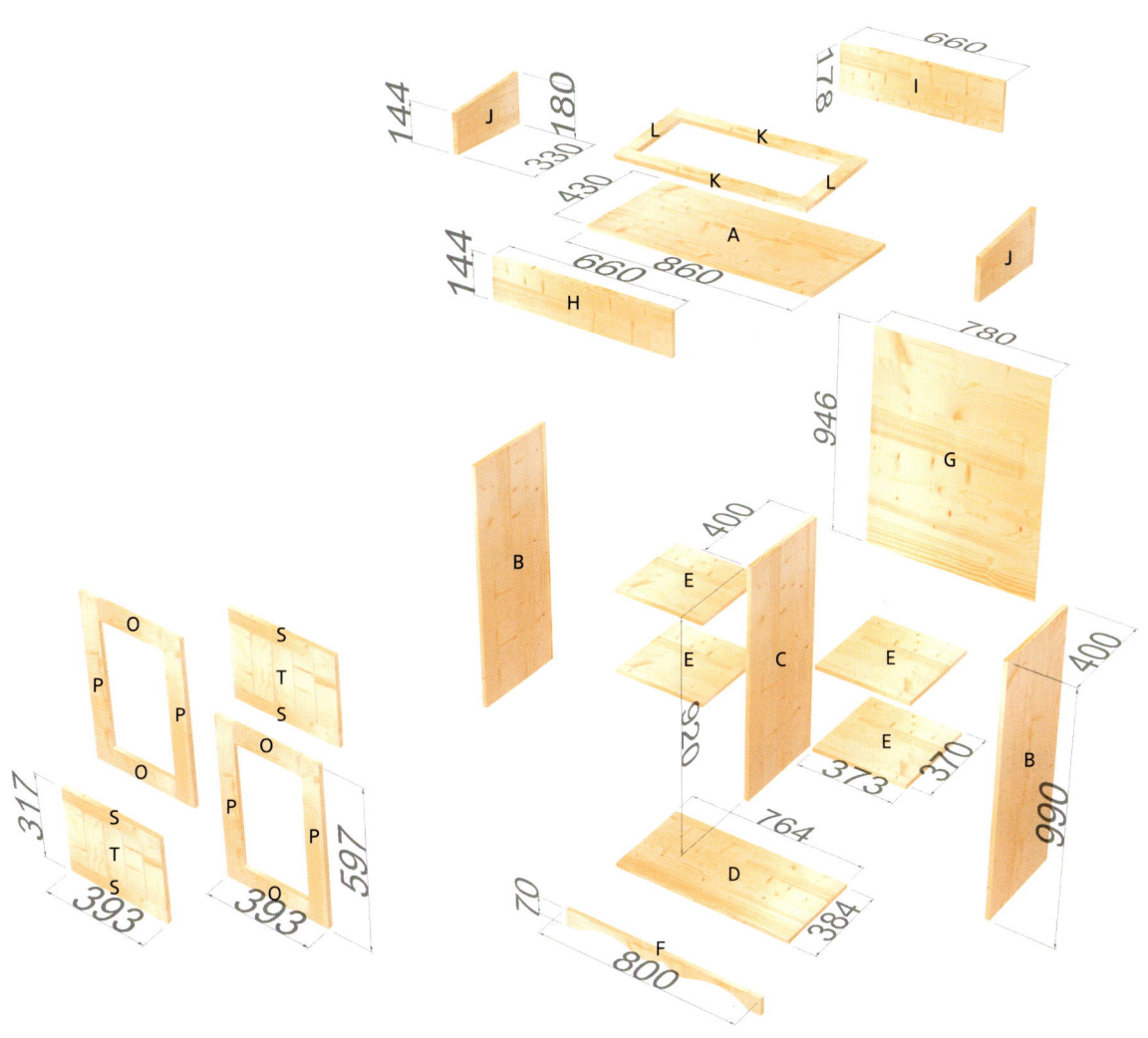

본체 (스프러스 18mm)

A 상판 860 × 430 · 1개
B 측판 990 × 400 · 2개
C 세로판 920 × 400 · 1개
D 바닥판 764 × 384 · 1개
E 선반 373 × 370 4개
F 걸레받이 800 × 70 · 1개
G 뒤판(미송합판 5mm) 946 × 780 · 1개

야채칸

H 앞판 660 × 144 · 1개
I 뒤판 660 × 178 · 1개
J 측판 330 × 180 · 2개

야채칸 문짝

K 가로프레임 726 × 50 · 2개
L 세로프레임 250 × 50 · 2개
M 가로보조목 626 × 7 · 2개
N 세로보조목 284 × 7 · 2개

앞쪽 철망 문짝

O 상하프레임 253 × 70 · 4개
P 양옆프레임 597 × 70 · 4개
Q 상하보조목 253 × 7 · 4개
R 양옆보조목 490 × 7 · 4개
S 상하프레임 393 × 50 · 4개
T 알판 393 × 217 · 2개

부자재

철망 문짝 사이즈에 적당한 크기로 · 3개
손잡이 1구 25mm 손잡이 나사 2개 포함 · 4개
나사 4 × 50 · 100개
나사 4 × 30 · 50개
나무못 8 × 40 · 50개
나비 경첩 12mm 금색 나사 12개 포함 · 2개
싱크대 경첩 경첩나사 32개 포함 · 8개

수납장 본체 조립하기

01 상판 위에 부착될 과일 상자를 만든다. 바닥과 옆면을 우선 'ㄱ'자 형으로 고정한 다음 차례대로 연결해 상자를 조립한다.

02 양측판과 바닥판을 연결한다. 바닥판의 높이는 걸레받이 높이만큼 띄우고, 양쪽을 50mm 나사못을 이용해 세 군데씩 박는다.

03 바닥 부분이 완성된 다음에는 상판을 고정시킨다. 50mm 나사못을 이용해 가로세로 세 군데 정도 박는다.

04 하단에 걸레받이를 연결한다. 50mm 나사못으로 가로 세 군데, 세로 두 군데를 박는다.

05 앞서 만든 과일박스를 상판 위에 고정시킨다. 박스와 상판이 맞닿는 곳을 정확히 표시한 뒤, 50mm 나사못을 이용해 가로로 네 군데, 세로로 두 군데 정도 박는다.

06 세로로 칸막이를 고정한다. 칸막이와 맞닿는 상판과 바닥 부분을 50mm 나사못으로 세 군데씩 박는다.

선반 십자박기로 고정하기-1

07 선반의 경우 십자박기로 고정하면 깔끔하게 선반이 완성된다. 보기에는 어려워 보일 수 있으나 순서를 알면 쉬운 방법이다. 우선 30㎜ 나사못으로 앞쪽에서 2㎝ 정도 안쪽으로 한 번 박는다.

08 다음 맞은편도 같은 방법으로 박은 뒤, 선반 뒷쪽을 눌러 밑으로 내려놓는다. 선반을 내리기 위해서는 박아놓은 못의 높이가 거의 동일해야 가능하다.

09 같은 높이에 옆 칸의 선반을 고정시킨다. 선반을 밑으로 내려 생긴 틈새로 옆 선반을 고정시킨다.

10 계속해서 옆 선반의 네 면을 30㎜ 나사못으로 고정시킨다. 서랍 높이를 수평으로 맞추기 위해서는 같은 높이의 판재를 밑에 받치고 작업하는 것이 편리하다.

선반 십자박기로 고정하기-2

11 옆 선반의 네 면이 모두 고정된 모습. 밑으로 비스듬히 내린 선반은 그대로 두고 옆 선반의 네 면을 모두 박아 고정시킨다.

12 밑으로 비스듬히 내려둔 선반을 다시 원상태로 올린다. 선반의 뒷면 좌측 부분을 30㎜ 나사못으로 고정시킨다.

13 마지막으로 고정되지 못한 선반 우측을 30㎜ 나사못으로 비스듬히 박아준다. 이때 칸막이에 못이 닿을 수 있도록 제법 가까이서 박는다.

14 길게 골이 파진 양 측판 사이로 합판을 넣어 뒤판을 만든다. 아랫부분은 30㎜ 나사못을 이용해 수직으로 고정하고, 위와 옆면은 15㎜ 나사못을 모서리에 바짝 비스듬히 박는다. 그래야 못이 보이지 않으면서 단단하게 고정된다.

철망 여닫이문 만들기-1

15 철망이 들어갈 부분의 문짝을 조립한다. 철망 문짝은 총 3개로 과일박스 상단 창 하나와 수납장에 고정될 2개를 각각 사이즈별로 만들어준다. 50mm 나사못을 이용해 네 면을 돌면서 두 군데씩 박는다.

16 조립된 창의 안쪽을 트리머를 이용해 'ㄴ'자 형태로 파낸다. 철망이 들어갈 부분으로 5mm 정도 깊이면 충분하다.

17 경첩을 달 문짝에 둥글게 구멍을 뚫는다. 일반 경첩의 경우 35mm 보링날을 이용해 미리 구멍을 뚫어 놓은 뒤 고정시킨다.

18 구멍이 뚫린 부분에 경첩을 고정시킨 뒤 15mm 나사못을 이용해 박는다.

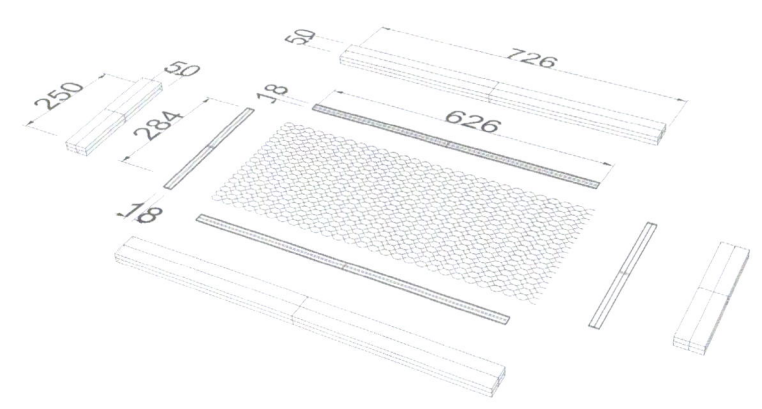

철망 여닫이문 만들기-2

19 철망을 넉넉히 잘라 넣은 뒤 'ㄴ'자 틈에 고정대를 댄다. 15mm 나사못을 이용해 고정대를 프레임에 단단하게 박는다.

20 밖으로 나온 철망을 가위로 잘라내고 정리한다. 같은 방법으로 가구에 들어갈 총 3개의 철망 문짝을 완성한다.

21 철망 문짝을 가구에 달아준다. 철망 문짝은 경첩을 달아 15mm 나사못으로 상하좌우를 조절하면서 문의 높이와 수평을 맞춘다.

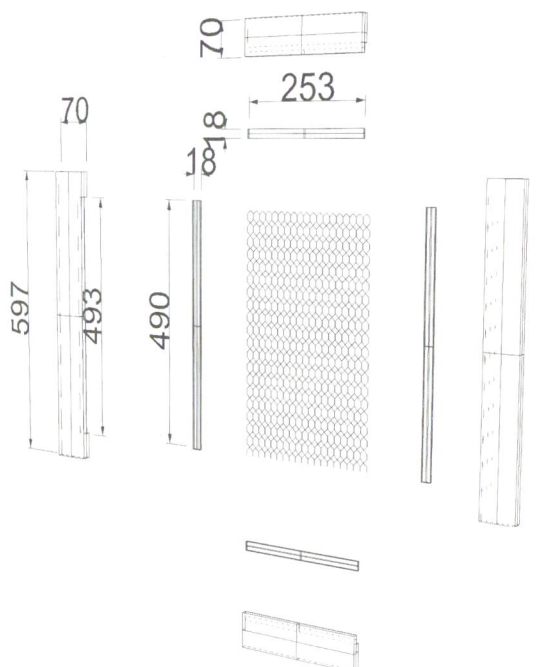

페인팅과 완성

22 수납장에 네 개의 문짝을 모두 부착한 뒤, 문 손잡이를 달아 완성한다.

23 과일박스 상단에 두 개의 흰색 나비 경첩을 이용해 문을 단다. 경첩은 박스 외부로 노출되도록 바깥쪽에 달도록 한다.

24 #220 사포로 가볍게 샌딩한 후, 표면의 먼지와 이물질을 닦아낸다. 바닐라색 우드스테인을 2~3회 걸쳐 바른다. 철망 부분까지 스펀지를 이용해 세심하게 칠한다.

알고보면 조금씩 다른 가구용어

콘솔(Console)
일반적인 의미로는 각종 시스템에서 주요 본체가 되는 기기를 일컫는 말이다. 그래서 라디오, 텔레비전 수상기, 전자제품 따위를 먼지나 충격으로부터 보호하기 위하여 바닥에 놓는 장식을 겸한 상자를 말한다.

뷔페(Buffet)
서랍 달린 찬장(Sideboard), 식당의 벽쪽에 비치된 찬장, 식기대

캐비닛(Cabinet)
장식장, 귀중품이나, 미술품 등을 넣어두는 진열장

드레서(Dresser)
(서랍이 여러 개 있는 침실용) 옷장, 정리장(거울이 있을 경우, 다른 이름은 Bureau, 거울이 없으면 Chest)

체스트(Chest)
옷장(서랍이 여러 개 있는 침실용), 정리장

29

Built-in Oven Chest

전자레인지 수납장

소요시간 **10시간**
난이도 **상**

여러 가지 기구들로 산만해지기 쉬운 주방을 한결 깔끔하게 정돈해주는 만능 가구다. 왼쪽에는 삼단 선반으로 자잘한 소품을, 오른쪽에는 사이즈가 큰 주방용기 등을 넣어둘 수 있어 유용하다.

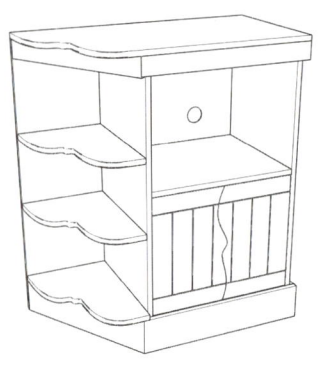

Sense Up

01 수납장의 뒷면은 얇은 합판을 이용해 두 개의 측판 사이에 끼우는 형태로 진행된다. 홈은 원목 재단 시 공방에 부탁하는 것이 좋다.

02 가장 아래 선반에는 밥통 등 다소 부피가 있는 주방기구 등을 넣어둘 수 있도록 조금 크게 재단하는 것이 유리하다.

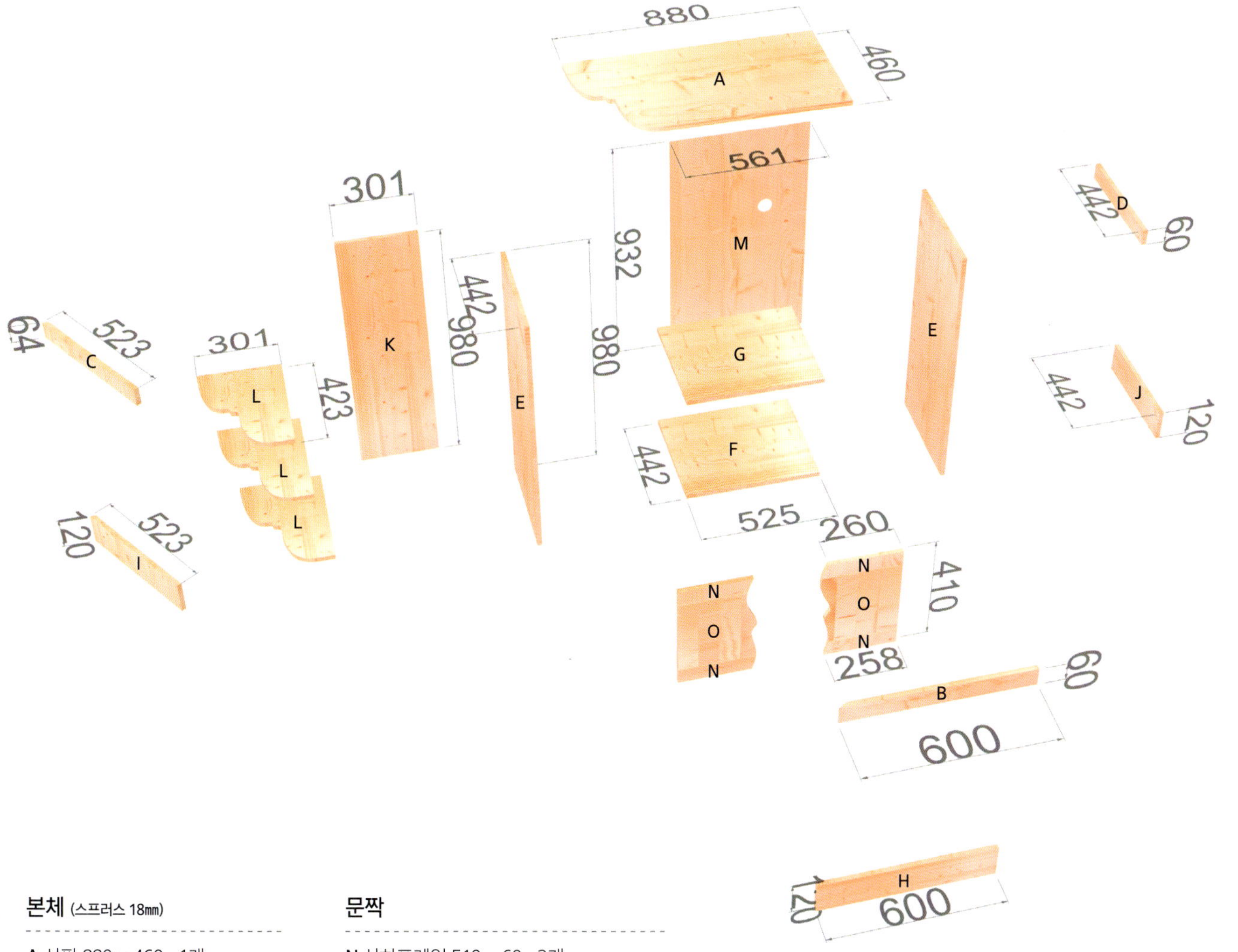

본체 (스프러스 18mm)

A 상판 880 × 460 · 1개
B 상판보조목 600 × 60 · 1개
C 상판보조목 523 × 64 · 1개
D 상판보조목 442 × 60 · 1개
E 측판 980 × 442 · 2개
F 바닥판 525 × 442 · 1개
G 중간판 525 × 442 · 1개
H 걸레받이 600 × 120 · 1개
I 걸레받이 523 × 120 · 1개
J 걸레받이 442 × 120 · 1개
K 뒷측판 980 × 301 · 1개
L 옆선반 423 × 301 · 3개
M 뒤판 (미송합판 5mm) 932 × 561 · 1개

문짝

N 상하프레임 519 × 60 · 2개
O 알판 519 × 290 · 1개

부자재

손잡이 1구 25mm 손잡이 나사 2개 포함 · 2개
나사 4 × 50 · 100개
나사 4 × 30 · 50개
나사 12mm 금색 나사(뒤판박기용) · 20개
나무못 8 × 40 · 5개
싱크대 경첩 경첩 나사 16개 포함 · 4개

선반 만들기

01　본체에 들어갈 상판과 선반을 부채꼴 형태로 모양 내 잘라준다. 선반은 같은 모양으로 2개를 만들고 가장 밑에 들어갈 선반은 곡선 모양을 조금 더 크게 만들어주는 것이 좋다.

02　합판이 끼워질 양 기둥에는 합판 두께만큼의 홈을 파준다. 직접 파기는 어려우므로 목공소에서 원목재단시 부탁한다.

03　기둥과 바닥 그리고 선반을 차례대로 고정시킨다. 바닥의 높이는 걸레받이 높이만큼 띄워두고, 양쪽을 50mm 나사못을 이용해 세 군데씩 박아 준다.

04　오른쪽 기둥 옆으로 보조 수납장의 뒤판을 연결한다. 50mm 나사못으로 네 군데 정도를 박아 고정시킨다.

본체 조립하기

05 수납장의 상판을 고정한다. 상판과 기둥이 맞닿는 좌우 부분에 50mm 나사못으로 네 군데씩 꼼꼼하게 박는다. 고정시킬 때는 상판의 왼쪽 하단에 보조목을 댈 수 있을 정도의 길이를 남긴다.

06 상판의 왼쪽 하단에 보조목을 고정시킨다. 상판과 보조목의 길이가 딱 맞는지 확인한 후 고정한다. 사진과 같이 안쪽으로 여섯 군데를 꼼꼼히 박는다.

07 상판이 고정된 상태에서 뒷면에 들어갈 합판을 끼워 넣는다. 길게 골이 파진 양 기둥 사이로 합판을 천천히 넣는다.

08 끼워진 합판을 고정시킨다. 선반과 맞닿는 중간 부분은 30mm 나사못을 이용해 수직으로 고정하며, 위와 옆면의 경우는 15mm 나사못을 비스듬히 박는다.

나무꺽쇠로 부분 연결하기

09 가구를 거꾸로 눕힌 채 상판의 곡선 부분과 앞면에 각각 걸레받이를 연결한다. 나무꺽쇠를 만들어 30mm 나사못으로 고정한다. 상판은 나무꺽쇠의 수직방향으로, 걸레받이는 수평방향으로 고정하면 한꺼번에 둘을 연결할 수 있다.

10 측판의 하단 바깥쪽으로 보조목을 고정한다. 보다 바닥 부분을 단단하게 보강하기 위한 것으로, 30mm 나사못을 위아래 세 군데씩 총 여섯 군데에 박는다.

11 바닥 앞부분에도 나무꺽쇠 세 개를 이용해 걸레받이를 연결한다. 나무꺽쇠를 이용하면 외부로 못을 박지 않아도 충분히 단단한 못 박기가 가능하다.

Close Up

나무꺽쇠 연결하기

원목들을 깔끔하고 손쉽게 연결하기 위해 주로 사용되는 도구다. 13번과 같이 원목의 고정이 어려울 경우에는 사진처럼 원목 위에 나무꺽쇠를 먼저 고정시킨 다음 다른 면에 연결하는 것이 편리하다. 그러나 10번, 11번 경우와 같이 면과 면을 바로 연결하는 경우도 있다. 수직·수평으로 박는 것이 가장 안정적이지만, 드릴이 들어갈 공간이 여의치 않은 경우에는 수직과 사선으로 박아 고정시킨다.

12 아래 선반을 고정한다. 먼저 측판과 연결될 부분과 걸레받이를 고정할 부분을 표시한 뒤 그 모양에 따라 세 개의 나무꺾쇠를 박아준다. 수직과 사선으로 못을 고정해 선반과 측판을 함께 고정시킨다.

13 맨 아래 선반 하단에 걸레받이를 고정시킨다. 두 개의 나무꺾쇠를 추가해 30mm 나사못을 수직과 사선으로 두 번씩 박아 단단히 고정시킨다.

Tip

쌓이는 많은 톱밥, 어떻게 처리할까?

❶ 톱밥을 발효시켜서 화분의 비료로 사용한다.

톱밥의 1/10 정도 양으로 밀가루를 잘 섞는다. 물을 부어서 다시 잘 배합한다. 물은 손으로 톱밥을 쥐어봤을 때 축축한 상태가 되도록 하는 것이 좋다. 이렇게 준비해둔 톱밥을 통에 담고 약 두 달 정도 발효시키면 된다. 이때 일주일에 한 번씩 톱밥을 잘 섞어 주어야 하는데, 섞어 주지 않고 그냥 놔두면 아래쪽에 있는 톱밥이 발효되지 않고 썩게 된다. 발효를 시키는 온도는 약 22~25℃ 정도로 맞춰주면 된다.

❷ 폐차장에 갖다 준다.

톱밥은 기름을 흡수하기 때문에 폐차장에서 유용하게 사용된다.

❸ 톱밥으로 김치냉장고를 만들자.

먼저 박스에 톱밥을 깐다. 톱밥 위에 항아리나 김치통을 넣어준다. 그런 다음 김치통에 2/3 약간 넘게 톱밥을 채운다. 톱밥에 물을 뿌려 촉촉하게 한 후 박스 뚜껑을 덮어주고, 그 위에 이불이나 종이박스 등을 덮고, 땅을 파서 항아리를 묻었던 조상들의 지혜를 이용한 것이다.

14 나머지 중간 선반들을 고정시킨다. 50mm 나사못을 수납장의 안쪽과 뒤쪽에 꼼꼼하게 박는다.

문짝 조립 및 연결하기

15 세로로 골을 파낸 문짝의 위 아래 부분을 고정시킨다. 윗면을 50mm 나사못을 이용해 세 군데씩 박는다.

16 경첩을 달고 수납장 문짝에 모양을 낸다. 문짝 위에 물결 모양으로 연필 스케치를 한 다음, 직소를 이용해 절단한다.

17 하단 수납 공간에 곡선으로 재단된 문을 단다. 경첩을 달 때는 15mm 나사못으로 상하좌우를 조절하면서 문의 높이와 수평을 맞춘다. 일반 경첩의 경우 35mm 보링날을 이용해 미리 구멍을 뚫어 놓은 뒤 고정시킨다.

18 문이 쉽게 열리지 않도록 문 상단에 자석으로 된 빠지링을 단다. 빠지링의 경우 가구의 문짝에 유용하게 사용되는 부속으로 크기와 모양이 다양해 여러 가구에 활용이 가능하다.

페인팅과 완성

19 손잡이를 달아준다. 물결무늬로 모양을 냈기 때문에 손잡이 역시 직선의 문양에 따라 높낮이의 변형을 주는 것이 훨씬 자연스럽다.

20 #220 사포로 가볍게 샌딩한 후, 먼지를 닦아내고 헝겊을 이용해 짙은 브라운색 젤스테인을 바른다.

21 원목의 자연스러움을 살리기 위해 덧칠하지 않고 젤스테인이 마르면 바니쉬로 간단하게 마감한다.

Tip

가구의 묵은 때는 우유나 오일로 닦아내기

상한 우유는 알카리성으로 변질되어 더러움을 제거하고 우유에 포함되어 있는 지방분은 광택이 나게 한다. 마른 천에 상한 우유를 묻혀 닦은 다음 마른 걸레로 다시 한 번 꼼꼼하게 닦아준다. 올리브 오일이나 마사지 크림이 묻어 있는 천 또는 휴지로 가구를 닦으면 광택 효과가 있어 왁스를 대신할 수 있다. 올리브 오일에는 나무에 영양을 주고 나뭇결을 살려주는 효과가 있다. 그러나 이런 제품을 이용할 때는 반드시 가구의 모서리나 뒤쪽 등 눈에 띄지 않는 부분에 시험해 보고 사용하는 것이 안전하다.

30

Island Table

아일랜드 식탁

소요시간 **10시간**
난이도 **상**

수납 공간을 늘리고 공간을 효율적으로 사용할 수 있는 아일랜드 식탁은 최근 들어 부쩍 사랑받고 있는 주방 가구다. 식탁과 조리대는 물론이고 홈바, 파티션 등 그 위치와 용도에 따라 다양한 활용이 가능하다.

Sense Up

01 아일랜드 식탁은 식탁과 조리대를 겸하기 때문에 상판에 타일 또는 강화유리를 깔아주는 것이 좋다.

02 식탁 앞면의 경우, 외부로 노출되므로 가능한 깔끔하게 만든다. 또한, 의자를 놓고 앉을 수 있도록 상판을 길게 빼 무릎이 들어갈 정도의 공간을 두어야 편리하다.

03 사용자의 키에 맞추어 높이를 적절하게 조절하고, 바퀴를 달아 이동을 편리하게 한다.

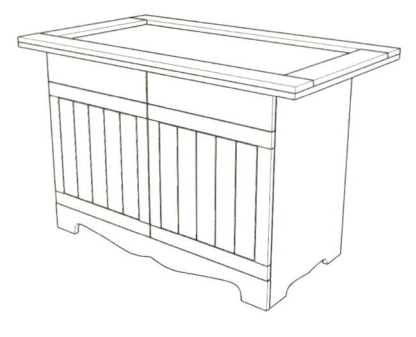

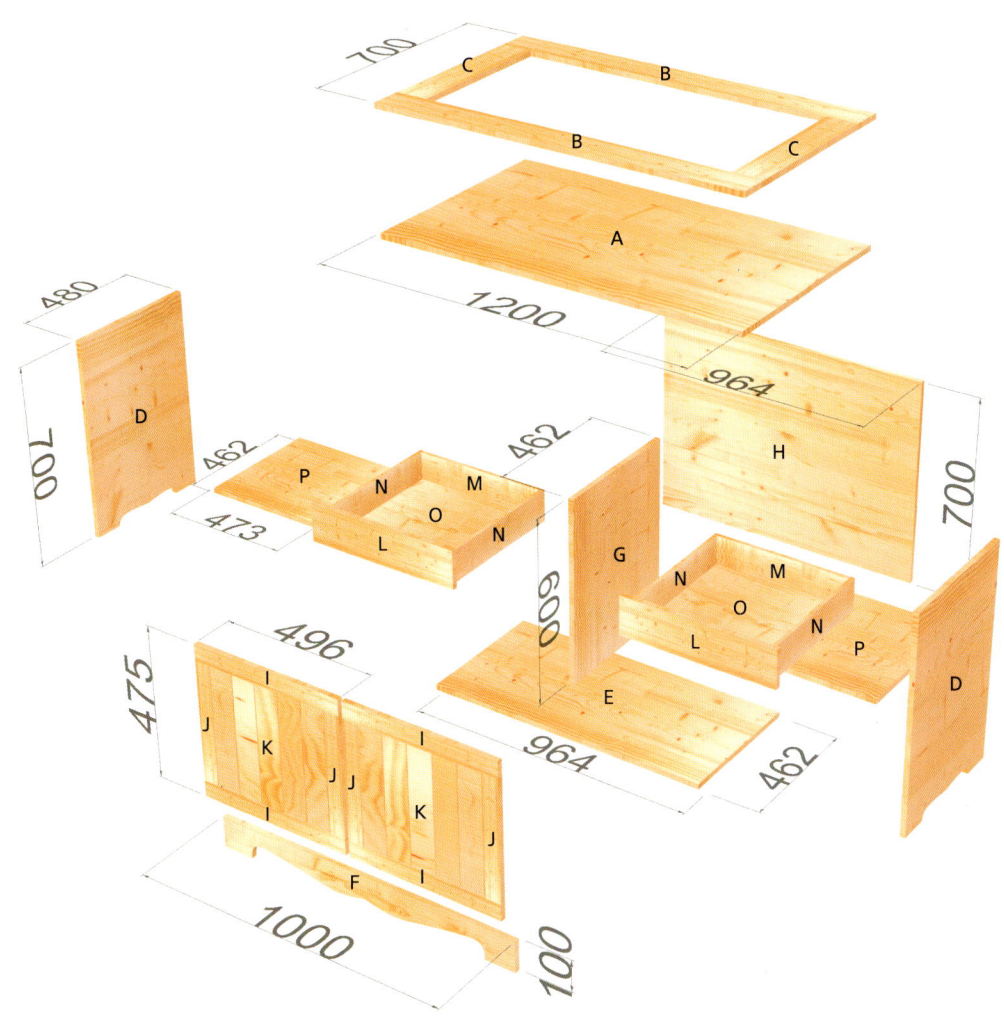

본체 (스프러스 18mm)

- A 상판 1,200 × 700 · 1개
- B 상판보조목 1,200 × 100 · 2개
- C 상판보조목 500 × 100 · 2개
- D 측판 700 × 480 · 2개
- E 바닥판 964 × 462 · 1개
- F 걸레받이 1,000 × 100 · 1개
- G 가운데세로판 600 × 462 · 1개
- H 앞판 964 × 700 · 1개

문짝

- I 상하프레임 496 × 50 · 4개
- J 양옆프레임 375 × 50 · 4개
- K 알판 396 × 375 · 2개

서랍

- L 앞판 496 × 119 · 2개
- M 앞뒤판 (시더 12mm) 425 × 100 · 4개
- N 측판 (시더 12mm) 450 × 100 · 4개
- O 바닥판 (시더 12mm) 450 × 425 · 2개
- P 이동선반 473 × 462 · 2개

부자재

- **바퀴** 높이 90mm · 5개
- **450 철 레일** 나사 30개 정도 · 2조
- **손잡이 1구** 35mm 손잡이 나사 2개 포함 · 2개
- **손잡이 2구** 25mm 손잡이 나사 4개 포함 · 2개
- **나사** 4 × 50 · 100개
- **나사** 4 × 30 · 20개
- **나무못** 8 × 40 · 50개
- **경첩** 경첩 나사 16개 포함 · 4개

본체 조립하기

01 식탁 상판은 틀에 맞춰 조립한 뒤, 겉으로 못 구멍이 드러나지 않도록 상판의 아래쪽에서 꼼꼼히 박아 고정시킨다.

02 양쪽 측판에 다리 모양을 낸다. 원목 위에 원하는 모양을 그린 후, 직소를 이용해 재단한다.

03 측판과 바닥판을 연결한다. 바닥판의 높이는 후에 붙여질 걸레받이의 높이로 측판에 선을 그어놓고 작업하면 편리하다. 바닥은 뒤쪽으로 바짝 붙여 50mm 나사못으로 네 군데씩 박는다.

Tip

길이를 나타내는 법정 계량 단위

2007년 7월 1일부터 기존의 '피트'나 '인치' 등 길이를 재는 단위는 법정계량단위로 바뀌었다. 법에서 정해 놓지 않은 계량 단위를 사용하지 않으면 단속을 통해 50만원의 과태료까지 내야 한다. 목재 재단을 위해서도 '한 자, 두 자'를 쓰면 안 되고 'cm, m, km' 단위로 표기해야 한다.

법정계량단위	사용금지단위	환산치
센티미터(cm)	자, 마, 리(里)	1자 = 30.303cm
		1피트 = 30.48cm
미터(m)	피트, 인치	1인치 = 2.54cm
킬로미터(km)	마일, 야드	1마일 = 1.609km
		10야드 = 91.4cm

본체와 다리 기둥 만들기

04 식탁의 앞판을 고정시킨다. 바닥을 뒤로 바싹 붙여 앞부분에 생긴 여유 공간에 앞판을 넣어 고정한다. 50mm 나사못으로 측판과 맞닿는 부분을 네 군데씩 정확하게 박는다.

05 바닥판의 중앙 지점에 세로 칸막이를 고정시킨다. 바닥으로는 세로로 세 군데를, 앞면으로는 두 군데를 50mm 나사못으로 박아 고정시킨다.

06 상판을 올린다. 상판은 수납 부분이 없는 앞쪽으로 더 많이 나오도록 한 후 고정한다. 50mm 나사못을 이용해 가로는 네 군데, 세로는 세 군데를 박아 고정시킨다.

07 서랍이 놓일 양쪽 상단 부분에 레일을 부착한다. 레일의 높이를 일정하게 하기 위해서는 같은 높이의 나무지그(고정구)를 대고 고정하는 것이 좋다.

서랍 만들기

08 30mm 나사못을 이용해 서랍을 조립한다. 우선 바닥과 옆면을 'ㄱ'자 형으로 고정한 다음 맞은편 옆면과 나머지 부분을 차례대로 고정시킨다.

09 완성된 서랍 바닥에 'ㄱ'자 철레일을 달아준다. 레일에는 나사못이 들어갈 구멍이 뚫려 있다. 상자에 연결해 12mm 나사못으로 고정시킨다.

10 서랍의 앞면을 부착한다. 서랍을 세운 뒤 25mm 나사못을 이용해 세 군데 정도를 박아 고정시킨다.

11 서랍 앞면이 완성되면, 중앙에 손잡이를 부착한다. 우선 손잡이 구멍을 먼저 뚫은 다음 나사를 넣은 뒤 조인다.

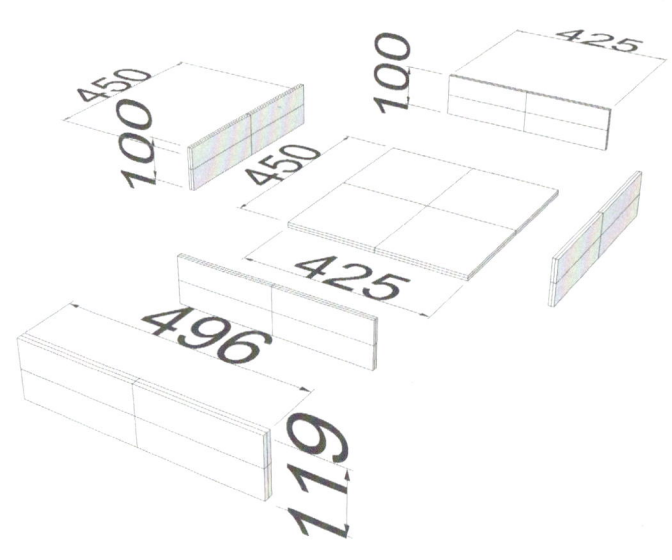

선반 및 문짝 완성하기

12 서랍 아래 공간에는 선반의 높이를 자유롭게 변경할 수 있도록 다보를 부착한다. 자를 이용해 선반 네 면이 닿을 높이를 측정하고, 4.8mm 드릴날을 이용해 일정 깊이까지만 구멍을 뚫는다.

13 선반을 올려보고 수평이 맞는지 확인해 본다. 옆 칸 역시 다양한 높이의 선반걸이를 만들어 자유자재로 수납이 가능하도록 한다.

14 문짝 만들기. 세로로 골을 파낸 문짝의 위아래 부분을 고정시킨다. 윗면을 50mm 나사못을 이용해 세 군데씩 박는다.

15 110° 경첩을 달 문짝에 둥글게 구멍을 뚫는다. 35mm 보링날을 이용해 미리 구멍을 뚫어 놓은 뒤 고정시킨다.

완성과 페인팅

16 문짝 달기. 구멍이 뚫린 부분에 경첩을 고정시킨 뒤 경첩 나사를 이용해 튼튼하게 박는다.

17 수납장 양쪽으로 문짝을 달았으면 손잡이를 고정시켜 완성한다. 구멍을 먼저 뚫은 다음에 나사를 끼워 고정한다.

18 뒷면 하단에 걸레받이를 고정한다. 네 개의 삼각 코너를 이용하면 깔끔하고 간편하게 고정할 수 있다.

19 식탁을 뒤집은 상태로 각 모서리마다 바퀴를 부착한다. 가구의 무게가 상당하므로 크고 단단한 바퀴를 선택하는 것이 안전하다.

20 도장 전 #220 사포로 가볍게 샌딩한 후 표면의 이물질을 닦아낸다. 상판은 우드쉰(Wood Sheen) 월넛, 몸체는 오크, 서랍과 문은 내추럴 색상을 헝겊이 나 붓에 묻혀 충분히 문질러준다. 완전 건조 후 2~3회 재도포하면 더욱 효과적이다.

알쏭달쏭 목공방 현장 용어

스카시(Scroll saw) 원이나 타원같은 곡선을 자르는 전동공구. 톱날이 상하 앞뒤로 움직이며 재료를 절단한다.

콤프레셔 압축공기를 만들어 에어공구를 사용할 수 있게 해 주는 공기펌프.

타카 압축공기나 전기를 이용해 못을 박는 기계. 'ㄷ'자 타카와 'l'자 타카로 구분한다.

대타카 콘크리트못이나 64mm 긴 못을 발사할 때 사용하는 큰 타카를 말한다.

실타카 칠이나 랩핑된 목재, 몰딩 등을 표 안 나게 박기 위해 가는 핀을 사용하는 타카로 핀타카라고도 부른다.

본드건 초같이 생긴 본드를 녹여 접합할 때 사용하는 도구.

헤라 무늬목 작업 시 무늬목을 평평하게 펴는 데 사용하는 주걱.

사시가네 큰 직각자를 말한다.

스끄야(직각자) 스퀘어를 일본식으로 발음한 것이다.

스케일 도면의 척도를 측정할 수 있는 축척자.

몰딩 문틀의 문선이나 천장의 목선같이 선으로 마감 지을 때 사용하는 모든 작업.

보루방(드릴) 구멍을 뚫는 데 사용한다.

핸드 그라인더 드릴 날을 갈거나 철근을 자를 때 필요하다.

커팅기 세치각(산승각) 같이 두꺼운 나무를 자를 때 사용하한다. 그 외에도 연마날로 갈아서 폼의 앵글이나 철근 따위를 자르는 데도 사용한다.

도메가다(각도 절단기) 도메가다는 연귀자를 말한다. 각도를 이어붙일 때 필요하며, 이것을 기계로 만든 것을 단기 또는 기계 도메가다, 커팅기라고 부른다.

요꼬와 다대 요꼬는 수평이고 다대는 수직을 뜻한다.

다루끼(각목) 거푸집용 소모재 또는 천장 시공용으로 사용하는 가늘고 긴 목재를 말한다. 보통 가는 것을 사재, 약간 굵은 것을 정재라고 칭한다.

손톱 목수가 사용하는 일반톱을 손톱이라고 부른다.

스킬 휴대용 둥근톱.

자르다 VS 켜다 나무나 합판을 좁은(짧은) 쪽으로 절단하는 것을 자르기, 긴 쪽으로 절단하는 것을 켜기라고 한다.

공구 사용법부터 ←--→ 가구 제작까지

03 목공 DIY

Part 3

색다른 가구 페인팅 15가지 기법

페인팅에 대한 기초 상식
작업 전 알아둘 준비사항
원하는 색 만들기
필요한 도구와 그 용도
나뭇결을 살리는 내추럴 페인팅
프로방스 스타일의 밀크페인팅
색다른 질감을 선사하는 기법들
도구를 사용하는 개성만점 페인팅

페인팅에 대한
기초 상식

페인트칠이 번잡하고 하기 힘든 분야라고 생각해 오던 이들도, 개성을 살리는 데는 더없이 좋은 인테리어 소재란 점에 주목하기 시작했다. 특히 가구 제작에 페인트는 빼놓을 수 없는 요소다. 가장 친환경적이며, 실내 분위기를 좌우하는 감각적 페인팅이 요즘의 화두다. 기능성을 살리면서도 전문적인 솜씨가 필요 없는 DIY(Do It Yourself)용 페인트를 알아본다.

페인트의 종류와 쓰임새

페인트의 종류는 다양하나, 바르는 표면에 따라 적합한 제품을 선택해야 한다. 페인트는 크게 수성페인트와 유성페인트로 나눌 수 있으며, 각기 고유의 특성과 용도를 가지고 있다.

특히 수성페인트는 물로 희석하여 사용하기 때문에 간편할 뿐 아니라 가구를 칠하기에 가장 적합한 제품으로 추천할 만하다. 좋은 품질의 페인트는 가격대가 높지만, 내구성이나 은폐력이 뛰어나 바탕색을 잘 가려주고, 붓질하기가 좋아 면적에 대한 도장 효율이 높다.

종류	수성페인트	고형페인트	유성페인트
특징	• 빨리 마른다 • 냄새가 없다 • 물로 희석한다	• 빨리 마른다 • 냄새가 없다 • 희석이 필요 없다 • 두부같은 상태 　(DIY 작업에 적합)	• 늦게 마른다 • 냄새가 난다 • 휘발성 용제(신나)로 희석한다
용도	시멘트 / 콘크리트 / 모르타르 / 석고보드 / 벽지 / 목재	시멘트 / 콘크리트 / 모르타르 / 석고보드 / 벽지 / 목재	철재 / 목재

유성페인트

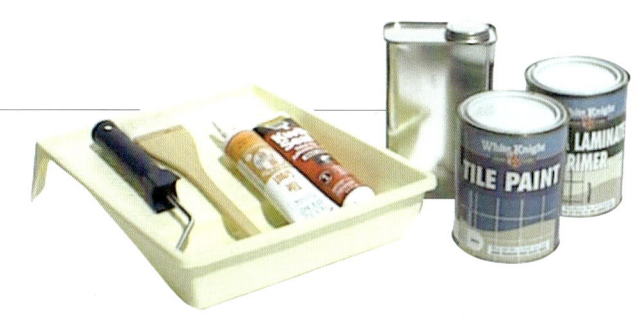

일반 가정에서 많이 사용하는 것으로 전용 신나와 희석해서 쓴다. 목재가구, 창문, 철재대문, 철재소품 등의 목재 및 철재 마감 도장용으로 사용한다. 건조시간이 긴 편이며 널리 쓰고 있는 에나멜페인트, 니스(바니쉬) 등이 이에 속한다. 실내 환경을 해치는 유독한 냄새의 주범이 바로 희석제로 사용하는 신나이기 때문에 공간에 따라 신중을 기해 사용해야 한다. 요즘은 무독성, 무향 제품들도 많이 출시되기 때문에 선택의 폭이 넓다.

수성페인트

아크릴수지가 기포를 낸 후에 물로 유화시킨 것으로 바르고 나면 물이 증발하고, 표면에 남은 합성수지가 튼튼한 도막을 형성한다. 일단 굳은 뒤에는 물에 용해되지 않는다. 제품 그대로, 또는 약간의 물에 희석해 사용하기 때문에 이용 범위가 넓고 사용도 간편하다. 시판되는 것은 백색이 기본이므로 원하는 색을 내고자 할 땐 수성 조색제나 아크릴물감을 사용한다. 일반 수성페인트와 가정용의 방균성과 내구성을 갖춘 DIY용 수성페인트 그리고 아크릴 라텍스페인트 등이 있다.

Tip

남은 페인트는 서늘한 곳에 보관

쓰고 남은 페인트를 보관할 때는 페인트 가장자리를 깨끗이 닦고 뚜껑을 잘 덮어 보관한다. 특히 너무 춥거나 따뜻한 곳에 보관하면 페인트가 쉽게 마르고 굳어지므로 서늘한 곳에서 보관하거나 작은 통에 덜어 냉장 보관해야 한다. 버릴 때는 페인트를 흡수하기 쉬운 제품이나 헝겊 조각으로 나머지 한 방울까지 깨끗이 흡수시켜 버리도록 한다.

작업 전 알아둘
준비사항

01 먼저 꼼꼼하게 주변 정리를 하자
페인트를 칠하다 보면 나도 모르게 주변에 묻게 되는 경우가 많다. 칠하기 전 묻으면 안 되는 곳을 신문지나 커버링 테이프로 꼼꼼하게 가리는 것이 기본이다.

02 작업하는 날의 날씨를 보자
날씨는 페인트와 많은 상관 관계가 있다. 너무 춥거나 흐리고 습한 날씨에는 페인트가 잘 마르지 않는다. 그러면 건조 시간이 길어져 효과적으로 작업할 수가 없다. 되도록이면 맑고 화창한 날을 택하는 것이 좋다.

03 페인팅 제품 측면의 사용법을 체크한다
사용하고자 하는 용도에 맞는 페인트를 선택하도록 한다. 종류와 사용방법을 잘 모를 경우에는 구입 시 측면 라벨을 꼭 체크하도록 한다. ℓ당 바를 수 있는 면적과 건조 시간, 유의사항들이 자세히 설명되어 있다.

04 작업이 들어갈 면의 상태를 먼저 확인한다
칠하기 전에 작업할 면이 어떤 상태인지 알아야 한다. 녹이 슬거나 칠이 오래되어 낡고 벗겨진 부분은 사포로 살짝만 벗겨내면 되고, 코팅 처리로 마감이 되어 있는 경우에는 사포로 코팅된 부분을 깨끗이 벗겨낸 후 작업해야 한다. 또한, 깨지거나 갈라진 틈은 핸디코트(구멍이나 틈새를 메워주는 데 사용하는 것)로 메운 다음 충분히 말린 후에 작업한다.

05 되도록이면 좋은 도구를 사용한다
작업할 때 좀 더 효과적인 결과를 얻으려면 좋은 도구를 사용하는 것이 좋다. 특히 붓은 털이 잘 빠지지 않는 것이 좋으며 손으로 한두 번 쳐 봐서 탄력이 적당히 있는 것으로 골라야 한다. 또한, 각 도구의 용도를 잘 알고 사용해야 보다 간편하고 효과적인 페인팅이 된다.

06 페인트는 건조 시간이 중요하다
페인팅은 시간과의 싸움이다. 두껍게 한 번 칠하는 것보다 얇게 두세 번 칠하는 것이 표면을 훨씬 매끄럽고 단단하게 한다. 한 번 칠할 때는 자국이 남지 않게 신속하게 바른다. 앞에 칠한 것이 다 마르기 전에 성급히 덧칠을 하면 쉽게 벗겨지거나 흠집이 갈 수 있으므로 건조 시간은 철저히 지키고, 불가피한 경우는 드라이어나 온풍기를 사용한다.

원하는 색 만들기

페인팅에서 또 하나의 중요한 것이 바로 색상을 만드는 일이다. 원하는 색이 제품화되어 나오면 좋겠지만, 각자의 머리 속에서 맴돌고 있는 색상을 딱 집어내기란 어려운 일. 이때는 여러 색을 칠해 비교해 볼 수 있는 이미지 보드(Image Board)를 만들어 보면 도움이 된다.

01 색소 구입하기

수성페인트의 경우는 소량의 색소만 첨가하면 된다. 원색별로 약 3천원대 가격으로 살 수 있다. 작은 소품의 경우에는 아크릴 물감을 대신 쓸 수 있는데, 색을 다양하게 내는 데는 유용하지만, 용량의 한계가 있다. 수성 색소는 전체 페인트양의 5% 이내에서 사용해야 한다. 많은 양을 사용하면 내수성 및 광택이 떨어지고, 건조하는 데 시간이 오래 걸릴 수 있다.

02 색 만들기

색소는 아주 소량씩만 넣어가며 저어준다. 한 가지의 색소만을 섞어 색을 내는 것보다 서로의 보색을 이용하여 색을 내주는 것이 더 고급스러운 분위기를 낼 수 있다.

03 건조 후 색상 확인하기

마르면 색상이 변한다. 내부용 수성페인트는 약간 엷은색이 되고 그 외의 페인트는 더 진해진다. 그러므로 페인팅 전에 미리 안 보이는 부분이나 작은 샘플판에 페인팅하고 건조 후의 색상을 확인하는 작업이 필요하다. 혹, 보수용으로 쓰기 위해 원래 색과 똑같은 색을 만들어 내는 것은 전문적인 기능이 필요하므로 가까운 대리점이나 도료 제조사의 기술자들에게 조언을 청하는 것이 좋다.

페인트 조색제의 사용

기본페인트	조색제
에나멜 페인트	에나멜 원색
락카	락카 원색
수성페인트	수성색소, 아크릴컬러, 수성페인트 원색
스테인	스테인
핸디코트	수성색소, 아크릴컬러

Tip

색 만들 때는 그늘진 곳에서

조색을 할 때는 직사광선이 없는 그늘이나 북쪽 창의 밝은 곳에서 해야 한다. 형광등이나 전등불 밑에서는 전혀 다른 색이 나오는데, 많이 사용하는 조명 아래서 조합하는 것도 한 방법이다. 좁은 깡통 속에서 보는 색보다 넓은 면을 페인팅한 색이 더 엷어 보이며, 색을 비교할 때는 45° 혹은 90°로, 적당한 거리(50cm 정도)에서 짧은 시간 안에 비교하는 것이 좋다.

필요한
도구와 그 용도

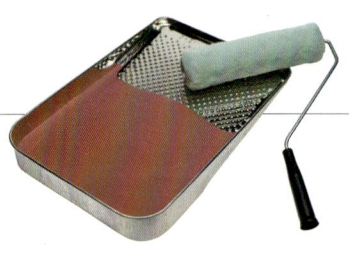

양모 롤러

수입산 양모로 되어 있어 보다 섬세하고 부드럽게 칠하는 데 적합하다. 크기는 약 10~15㎝로 가구나 소품 등에 사용하기에 좋고, 양모는 교체해서 쓸 수 있다. 사용 후 수성은 물에, 유성은 신나에 세척하면 재사용이 가능하다.

롤러 트레이

롤러 작업 시 페인트를 덜어서 사용하는 도구이다. 움푹 들어간 아래판에 인트를 소량 덜어준 후 롤러에 전체적으로 묻혀 페인트가 균일하게 묻도록 한다. 재사용이 가능하다.

스폰지 브러쉬

작은 면적에 칠하거나 붓자국이 나지 않기를 원할 경우 주로 사용한다. 스폰지는 빨리 닳기 때문에 일회용으로 적합하다.

아크릴용 붓

질 좋은 천연모와 나일론을 적절히 혼합한 아크릴용 붓이다. 탄력성과 유연성이 뛰어나며, 털빠짐이 거의 없기 때문에 섬세한 페인팅 작업을 위해 가장 좋은 붓이다.

사포

페인팅 전후 사포를 이용해 면을 다듬어 주는 데 사용된다. 150방부터 1,200방까지 다양하며 숫자가 높을수록 고운 사포이다. 작업 전 사포질은 페인트의 접착력을 높여주고 고른 면이 나오게 한다.

프라이머

내·외부용 다목적 프라이머로 어느 소재, 어느 면에나 사용이 가능한 수용성 제품이다. 2시간 정도면 건조가 끝난다.

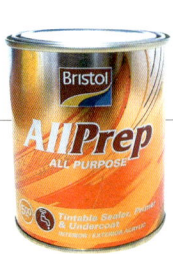

페인팅 뚜껑 따개

뚜껑은 손으로 열기 힘들어 전용 따개를 사용하면 좋다. 페인트가 담긴 통의 뚜껑은 한번 쓰고 제대로 밀폐해야 오래 보관할 수 있다.

페인트 핸디통

페인트를 덜어서 한 손에 들고 사용할 수 있는 통이다. 내부에 일회용 통을 넣어 손쉽게 교환할 수 있고, 사용 중간에는 비닐캡을 씌울 수 있다.

마스킹 테이프

페인트를 칠할 부분 이외에 칠하지 않은 곳을 가려 깨끗한 마감을 할 수 있도록 붙이는 테이프. 쉽게 붙였다 뗄 수 있다. 종이 재질이며 너비와 길이에 따라 여러 종류가 있다. 1천5백~3천원대로 접착력의 차이 때문에 동절기용과 하절기용으로 나누어 판매된다.

커버링 테이프

커버링 테이프란 마스킹 테이프에 넓은 비닐이 붙어 있어 넓은 면적을 가릴 때 사용할 수 있는 제품이다. 주로 바닥이나 고정된 가구 등을 덮을 때 쓴다. 비닐의 크기별로 여러 종류가 있고 가격은 2천~3천원선이다.

헤라(주걱/칼)

낡은 부분을 긁어내거나 갈라진 틈에 퍼티 등을 메우고 다듬는 데 사용한다. 재질은 플라스틱과 금속으로 된 것이 있다.

Tip

가구, 소품의 리폼 페인팅

❶ 가구 표면의 이물질을 제거한다.

❷ 가구의 손잡이나 장식 등은 분리한다.

❸ #220~330 정도의 사포를 사용해 부드럽게 다듬는다.

❹ 에나멜이나 락카스프레이, 아크릴컬러를 사용해 페인팅한다. 큰 가구를 칠할 때는 안에서 밖으로 칠해 나가며, 테두리 부분을 특히 주의한다. 책상, 의자 등의 작은 가구는 다리 부분부터 시작하여 윗부분으로 칠한다.

❺ 손잡이나 장식을 새것으로 교환해주면 한층 새 가구 같은 효과를 낸다.

나뭇결을 살리는
내추럴 페인팅

젤스테인

페인팅 단계에서 원래 있던 나뭇결을 간직하고 싶다면, 스테인을 이용해야 한다. 스테인은 나무 위에 도포되는 것이 아니라, 결을 따라 침투함으로써 본연의 무늬를 잘 살려준다. 좋은 목재에 감각 있는 칠작업이 이루어진다면 나만의 멋진 목재가구를 만들어낼 수 있다.

별도의 마감이 필요 없는 젤스테인

❶ 페인트를 칠하기 전 #220 사포를 이용해 골고루 문지른다.

❷ 젤스테인 제품을 스펀지붓을 이용해 바른다. 한 번 붓자국이 남으면 쉽게 지워지지 않으므로 신속하게 발라주는 것이 중요하다.

❸ 도포한 다음, 1~2분 후 바로 면헝겊을 이용해 닦는다. 이때 결 방향으로 문질러 주고, 옹이가 있는 부분은 더 세심하게 작업한다.

❹ 2시간 정도 지나, 스테인이 나무에 완벽하게 흡수되면 위에 한 번 더 발라준다. 역시 1~2분 후 헝겊으로 재빠르게 닦아낸다.

❺ 결이 그대로 드러난 완성된 모습.

ADVICE 젤스테인은 별도의 하도제를 사용하지 않고, 목재에 바로 발라도 무리가 없는 제품이다. 소프트우드의 경우는 나무에 침투해 결을 그대로 살아나게 하며, 별도의 코팅이 필요 없어 간편하다.

작업 속도 빠른 **앤틱왁스**

❶ 도포할 면에 #220 사포를 이용해 골고루 문지른다. 이물질은 깨끗이 제거한다.

❷ 앤틱왁스 제품을 스펀지붓을 이용해 바른다. 가장자리 부분은 붓을 바깥쪽으로 터치해 자국이 남지 않도록 한다.

❸ 바른 후 1~2분 후 면헝겊을 이용해 결 방향으로 닦는다.

❹ 실온에서 15~30분 후면 재도포가 가능하다. 앤틱왁스는 3~4회 덧칠할수록 왁스의 느낌이 강해진다. 마지막 바르는 단계 직전에 가볍게 사포질을 한 번 더 해주면 훨씬 매끄러운 표면을 얻을 수 있다.

❺ 왁스를 세 번 바른 상태의 완성 단계.

ADVICE 앤틱왁스는 스테인에 왁스 성분을 첨가한 것으로 따로 마감이 필요 없고, 작업 속도가 빠르다는 장점이 있다. 북유럽이나 서구의 앤틱 가구칠에 많이 사용된다.

☐ 하도제가 필요한 **유성스테인**

❶ 도포할 면에 #220 사포를 이용해 골고루 문지른다. 이물질은 깨끗이 제거한다.

❷ 흔히 하도제라 불리는 프리스테인을 먼저 칠한다.

❸ 10분이 지나면 면헝겊으로 나뭇결을 따라 잘 닦아낸다.

❹ 프리스테인을 바르고 2시간 안에 본격적인 스테인 작업에 들어가야 된다. 스폰지붓을 이용해 면에 도포한 후 1~2분이 지나면 면헝겊으로 다시 닦는다. 스테인이 나뭇결에 잘 스며들어 무늬가 드러나기 시작한다.

❺ 1~2시간 후 스테인이 마르면, 그 위에 한 번 더 칠을 한다.

❻ 목재에 스며들면 다시 헝겊으로 닦아낸다.

프로방스 스타일의
밀크페인팅

밀크페인트

유럽에서 선풍적인 인기를 끌고 있는 밀크페인트는 우유를 주성분으로 하여 부드러운 느낌을 주는 재료다. 컨츄리풍 가구에 주로 사용되며 오래된 가구나 소품의 리폼에도 많이 사용된다. 파우더를 물에 희석해 쓰는 것과 이미 완제품으로 나온 두 가지 종류가 있는데, 전자는 거칠고 투박한 느낌이 강해 예술미를 드러낼 수 있고, 후자는 누구나 간편하게 작업할 수 있는 장점이 있다.
밀크페인트는 자연스러운 투톤 효과를 낼 때 특히 효과적이다.

□ 사용이 간편하고 건조가 빠른 **밀크페인트 + 밀크페인트**

❶ 도포할 면에 #220 사포를 이용해 골고루 문지른다. 이물질은 깨끗이 제거한다.

❷ 스폰지붓을 이용해 밀크페인트를 한 번 바른다. 기존의 가루제품의 불편함을 개선한 것으로 별도의 희석 없이 바로 쓸 수 있다. 2시간 정도 지나면 건조된다.

❸ 레드페퍼 색상을 두 번 바르고 건조시킨 후, 그 위에 코팅제를 바른다. 이후 사포질을 했을 때 바탕의 레드색이 선명하게 보이도록 코팅제를 바르는 것이다.

❹ 2시간 정도 지나 코팅제가 마르면 블루 색상의 밀크페인트를 붓으로 칠한다. 역시 2시간 간격으로 두 번 바른다.

❺ 페인트가 마르면 #150~220 사포를 이용해 표면을 가볍게 문지른다. 모서리 부분을 집중적으로 하고, 옹이보다는 결부분을 사포질해야 앤틱 느낌이 살아난다. 건조 전에 사포질을 하게 되면 지우개 찌거기처럼 뭉쳐나오니 유의해야 한다.

❻ 이물질을 털어내고 코팅제를 바른다. 코팅은 무광과 유광, 반유광 등 취향에 맞게 선택하고 2~3회 덧발라 가구를 더 매끄럽게 만든다.

Close Up

붓털 빠지지 않고 오래 쓰려면?

도료를 목재에 바르다보면, 털이 빠져나와 가구에 들러붙는 경우가 많다. 이 때문에 미술에 쓰는 화홍붓을 쓰기도 하지만, 간단한 대체 방법이 있다. 털의 모근 쪽에 접착제를 발라서 붓과 모근이 더욱 견고하게 이어지도록 하는 것이다. 나중에 작업 시 붓털이 빠지는 것을 방지할 수 있다.

가벼운 앤틱 분위기 **밀크페인트 + 글레이즈**

❶ 도포할 면에 #220 사포를 이용해 골고루 문지른다. 이물질은 깨끗이 제거한다.

❷ 스폰지붓을 이용해 밀크페인트 앤틱 화이트 색상을 한 번 바른다. 이 제품은 기존 가루 제품의 불편함을 개선한 것으로 별도의 희석 없이 바로 쓸 수 있다. 2시간 정도 지나면 건조된다.

❸ 건조가 끝나면, 같은 페인트를 다시 한 번 덧바른다. 페인트는 기본적으로 두세 번씩 발라야 본래 색상을 내고 먼지를 닦아내기도 쉽다.

❹ 페인트가 마르면 #150~220 사포로 가볍게 문지른다. 모서리나 굴곡이 많은 부분은 좀 더 세게 문질러 마모된 듯한 느낌을 살린다.

❺ 이물질을 털어내고 그 위에 브라운톤의 글레이즈를 바른다. 글레이즈는 사포질한 부분뿐 아니라, 목재 전체에 발라야 자연스런 투톤을 기대할 수 있다.

❻ 2~3분 후 면헝겊을 이용해 나뭇결을 따라 닦는다. 사포질한 부분은 브라운빛이 강하게 나고, 그외 전체적인 면은 은은한 잿빛이 풍겨 앤틱한 분위기를 낸다.

❼ 글레이즈를 바른 후 중간 완성 단계.

❽ 코팅제를 바른다. 자주 손이 가는 물건이라면 2~3회 코팅해 주는 것이 좋다.

아크릴페인트 + 젤스테인

클래식한 앤틱풍을 연출할 때는 아크릴페인트 위에 젤스테인을 헝겊에 묻혀 연출하고자 하는 부분에 약하게 문지르는 방법이 효과적이다.

밀크페인트를 대신하는 앤틱 효과 **아크릴페인트 + 젤스테인**

❶ 페인트를 칠하기 전 #220 사포를 이용해 골고루 문지른다.

❷ 흰색 아크릴페인트를 나뭇결을 따라 한 두 차례 바른다. 결을 살리기 위해서 너무 두껍게 바르지 않는 것이 좋다.

❸ 페인트가 마르면 모서리 부분과 면을 골고루 사포질한다. 너무 세게 밀면 칠이 뜯겨질 수 있으므로 모서리는 조금 강하게, 면은 약하게 문지른다.

❹ 앤틱한 느낌을 주기 위해서 갈색 톤의 젤스테인을 헝겊에 묻혀 면과 모서리에 조금씩 문지른다. 진하지 않고 자연스러운 색상을 위해서 헝겊에 묻힌 젤스테인을 또 다른 헝겊에 거의 남지 않도록 닦아낸 다음 사용한다.

둔탁한 느낌이 좋은 **파우더 밀크페인트**

❶ 흰색 파우더 밀크페인트와 물을 1 : 1로 희석한다. 물은 미지근한 상태로 사용하고, 찌꺼기가 생기지 않도록 충분히 젓는다. 저은 뒤 15분 정도 기다렸다가 사용하도록 한다.

❷ 페인트를 칠하기 전 #220 사포를 이용해 골고루 문지르고 나뭇결에 따라 밀크페인트를 바른다. 페인트에는 물 성분이 함유되어 밀착력이 다소 떨어지므로 몇 번 반복해 칠한다.

❸ 밀크페인트는 마르면서 서서히 본래 색이 드러나는 것이 특징이다. 한 번 칠한 후에는 12시간 정도가 지나면 다음 컬러를 덧발라주는 것이 좋으며, 불가피한 경우에는 드라이기로 건조시킨다.

❹ 완전히 마른 다음 #400 사포를 이용해 강약을 조절하면서 문지른다. 색이 벗겨지지 않도록 주의한다.

❺ 짙은 블루 컬러의 밀크페인트를 위에 한두 차례 덧바른다.

❻ 페인트가 마르면서 먼저 칠한 흰색 밀크페인트가 짙은 색깔 위로 올라와 자연스러운 그러데이션 효과가 나타난다. 바탕에 어떤 컬러를 사용하느냐에 따라 주 컬러가 결정된다.

❼ 페인트가 마르면 #800사포를 이용해 강약을 조절하면서 문질러 빈티지한 느낌을 연출한다. 컬러가 만족스러울 경우에는 바로 유성 또는 수성 바니쉬를 발라 마무리한다.

❽ 보다 강한 빈티지풍을 연출하려면 마감재로 흰색이 섞인 왁스를 헝겊에 묻혀 살짝 문지른다. 왁스를 발라주면 광택이 살아남과 동시에 빈티지한 느낌이 좀 더 강조된다.

Tip

밀크페인트

우유가 주성분인 페인트

실제 사포질을 할 때 우유 냄새가 나는 친환경적인 페인트다. 18세기부터 19세기에 걸쳐 미국의 셰이크교 사람들이 가구를 칠할 때 사용했다고 한다. 건조된 분말인 카제인에 물을 섞어 저어주고 여기에 조색재를 넣어 원하는 색을 만든다. 종이의 접착제나 표면 코팅제로도 사용하는 카제인은 어느 곳에도 쉽게 부착이 되므로, 리폼 자재로서도 매우 훌륭하다. 그러나 요즘은 물에 섞는 불편함을 없앤, 완성된 밀크페인트들이 판매되고 있다.

파우더 밀크페인트는 둔탁하고 무거운 느낌이 드는 반면, 제품화된 밀크페인트는 느낌이 가볍지만, 바르기 쉽고 건조가 빠른 특징이 있다. 각각의 느낌이 다르니 원하는 것을 선택하면 된다.

밀크페인팅 기법

밀크페인트는 주로 빈티지풍 인테리어에 쓰이며, 독특한 색채와 부드러운 느낌으로 가구 리폼 시에 인기있는 제품이다. 바탕색과 표면색을 달리 발라, 엷게 사포질을 하면 바탕색이 밖으로 드러나는 식이다.

❶ **표면 바탕 만들기**

송진, 또는 이물질이 밖으로 배어 나오거나 이미 다른 마감재 처리가 된 목재가구는 샌딩이 먼저다. 언더코트를 붓을 사용해 살짝 바르고 바짝 건조시킨다. 일반적인 가구나 리폼가구는 흠이 난 곳만 퍼티 처리를 하고 바로 밀크페인트를 발라줘도 된다. 밀크페인트 자체가 부드러운 하도제의 역할을 하므로 별도의 하도제가 필요 없다.

ADVICE 파우더 밀크페인트는 질감이 앤틱하고 오래될수록 자연스러운 느낌이 더해져 아트페인팅에 제격인 제품이다. 그러나 섞어놓은 밀크페인트는 이틀이 지나면 사용을 못하게 되는 등 보관이 까다로운 단점이 있다. 한번 쓸 때 사용할 양만 섞도록 하고, 반드시 냉장 보관해야 한다.

❷ **투명하게 보이고 싶으면 물을 좀 더 넣기**

한 번 바른 후 건조하면 사포를 이용하여 표면을 샌딩한다. 밀크페인트는 샌딩 작업이 매우 쉽다. 가루가 날리는 것이 싫으면 샌딩 전 표면에 물을 발라줘도 좋다.

❸ **1차 페인트가 마른 후 다른 색상을 만들어 기존 칠 위에 한번 더 발라주기**

페인트가 마른 후 표면을 약 180방 정도의 사포로 샌딩한다. 원하는 색상의 효과를 위해 빈티지 효과를 낼 수 있도록 모서리나 표면 위주로 하면 된다. 너무 세게 많이 문지르면 목재 표면까지 벗겨질 수 있으니 유의한다.

❹ **원하는 색상의 투톤 효과가 만들어 진 후 이 상태를 유지하기 위해 표면에 바니쉬 혹은 셀락 바르기**

밀크페인트는 습기에도 약하고 표면 강도도 약하지만, 투톤의 효과를 이용한 빈티지풍 연출에는 최고의 자재다.

❺ **사용한 붓은 물에 담가둔 후 씻어주기** 손에 묻은 페인트 역시 물에 아주 잘 지워진다.

색다른 질감을 선사하는
기법들

스웨이드 페인팅

스웨이드는 무광으로 알갱이가 있어 거칠고 둔탁한 느낌의 페인트이다. 전체적으로 벨벳 느낌을 표현할 때 주로 사용되며 빛을 흡수 또는 반사하여 깊고 따뜻한 느낌을 준다. 나뭇결대로 바르지 않고 붓의 터치감을 살려 발라주는 것이 포인트.

벨벳 느낌의 스웨이드 페인팅

❶ #150~220 사포로 밀어 표면을 부드럽게 만든 후, 페인트가 스며들지 않도록 프라이머(3in1)로 코팅한다.

❷ 터치감을 살리기 위해 붓에 페인트를 듬뿍 묻힌 다음, △형 또는 ×형으로 연속적으로 바른다. 넓은 면적을 바를 때에는 먼저 롤러로 한 번 칠한 후 4시간 정도 건조시키고, 이후에 붓질을 한다.

❸ 페인트가 마르기 시작하면서 자연스레 투톤 효과가 난다. 스웨이드 페인트는 칠한 후 30분 후면 원하는 색상이 나타나고, 붓질을 많이 할수록 느낌이 달라진다.

❹ 같은 컬러로 한 번 더 △형 또는 ×형으로 연속적으로 발라 준다. 마르면 무광 바니쉬를 발라 마무리한다. 코팅을 안 해주는 것이 가장 좋지만 손이 많이 닿거나 물건이 올라갈 경우는 1~2회 정도 코팅해 줘도 무방하다.

ADVICE 스웨이드 전용 브러쉬는 숱이 많고 큰 것이 특징이다. 작은 면적에 사용할 경우는 일반 붓을 써도 되지만, 큰 면적에 바를 경우에는 스웨이드 전용 붓을 사용해야 그 느낌을 제대로 살릴 수 있다.

동부식 페인팅

애초 황금빛의 동은 시간이 지나면 산화되어 녹색으로 변한다. 하지만 페인팅을 사용하면, 가구에 오래된 동부식 느낌을 단기간에 낼 수 있다. 작은 소품이나 액자틀에 적용해보자.

오래된 청동가구 같은 **동부식 페인팅**

❶ #150~220 사포로 밀어 표면을 부드럽게 만든 후 이물질을 닦는다.

❷ 표면을 깨끗이 한 후 프라이머를 붓으로 초벌 칠한다. 1~2시간 정도 충분히 말린다.

❸ 리퀴드 코퍼라는 동페인트를 바른다. 동페인트는 실제 페인트 속에 동이 침전되어 있기 때문에 사용하기 전 바닥까지 잘 저어준 다음 붓칠한다. 2~3시간 충분히 건조시킨 후 다시 한 번 바른다.

❹ 동페인트를 바른 중간 단계.

❺ 동부식 전용액(파티나 그린)을 붓으로 1~2회 정도 바른다. 2시간 정도 간격을 두고 바르고 홈이나 가장자리 부분을 많이 바르면 부식 효과가 더 높다. 6시간 정도 지나면 부식이 시작된다.

❻ 부식이 완성된 모습. 동부식 효과를 증대시키려면 부식액을 3회 이상 발라주는 것이 좋으며 시공자의 사용량에 따라 부식 효과가 다르게 나타난다.

ADVICE 동페인트는 물이나 습기 및 공기에 의해 지속적으로 부식된다. 또한, 봄여름 같이 온도와 습도가 높을 때 부식이 더 잘 일어난다. 따라서 자연스러운 변화를 원한다면 코팅제를 바르지 않는 것이 좋다. 하지만 더 이상의 변화를 원치 않는다면 코팅제를 사용해 부식 진행을 막아야 한다. 작업 시 눈이나 피부에 닿지 않도록 조심하도록 한다.

철부식 페인팅

실제 철입자가 들어 있어 진짜 녹이 슨 효과를 내는 제품으로 어떤 물건이나 표면에 오래된 느낌을 표현할 수 있다. 콘크리트 벽면과도 잘 어울리며, 작업이 간단하다.

빈티지한 **철부식 페인팅**

❶ 시공할 부분을 #150~220 사포로 밀어 표면을 부드럽게 만든다.

❷ 표면을 깨끗이 한 후 수성 프라이머를 붓으로 초벌 칠한다. 1~2시간 정도 충분히 말린다.

❸ '리퀴드 아이언'이라는 철페인트를 결대로 바른다. 밑바닥에 철알갱이가 들어 있기 때문에 바닥까지 충분히 잘 저어준 다음 사용한다. 2~3시간 건조시킨 후 다시 한 번 바른다.

❹ 철페인트를 바른 중간 단계. 부식액은 이로부터 12시간 이후 24시간 이내에 발라줘야 한다.

❺ 철부식액인 인스턴트 러스트를 붓으로 바른다. 결을 따라 랜덤하게 바르고, 세워서 말리면 자연스럽게 흘러내리는 효과도 낼 수 있다. 3~4시간 후 산화되면, 그 후 집중적으로 또 발라준다. 시공자의 사용량에 따라 부식 효과가 다르게 나타난다.

❻ 부식이 끝나 완성된 상태.

ADVICE 철페인트 역시 물이나 습기 및 공기에 의해 지속적으로 부식이 진행된다. 자연스러운 변화를 원한다면 코팅제를 바르지 않는 것이 좋다. 하지만 더 이상의 변화를 원치 않는다면 코팅제를 사용해 부식 진행을 막아주어야 한다. 리퀴드 아이언과 인스턴트 러스트가 피부에 닿지 않도록 조심하며 작업하도록 한다.

크랙 페인팅

앤틱한 느낌을 주고 싶을 때 사용하며, 어떤 무늬로 갈라질 지 예상할 수 없기 때문에 작업이 더욱 재미난다.

갈라지는 스타일의 **크랙 페인팅**

❶ 시공할 부분을 #150~220 사포로 밀어 표면을 부드럽게 만든다.

❷ 원하는 색상의 페인트를 선택해 붓으로 초벌 칠한다. 여기서는 웨더더프 민트 색상을 사용했다. 1~2시간 정도 충분히 말린 뒤 바탕색을 한 번 더 칠한다.

❸ 완전히 건조한 액자에 붓으로 크랙 미디엄(크랙 전용액으로 무색)을 바른다. 반듯하게 혹은 크로스, 랜덤 등 어떤 식으로 발라줘도 상관 없다. 단 바르는 방향대로 크랙이 된다는 것을 명심한다. 한 번 칠한 부분은 다시 칠하지 않는다. 물을 살짝 타서 발라주면 잔 크랙이 가게 된다.

❹ 크랙 전용액은 처음에는 색이 없다가 건조하면 옅은 투명막이 생긴다. 액을 바르고 반드시 3시간 안에 나머지 색상을 덧칠해줘야 한다. 여기선 아크릴페인트 블루 색상을 사용했다.

❺ 시간이 흐르면서 페인트를 칠한 면이 잘게 쪼개지는 것을 볼 수 있다. 크랙 효과를 잘 나타내려면 대비가 확실한 두 가지 색상을 선택하는 것이 좋고, 은은한 효과를 내려면 비슷한 계열로 선택한다.

ADVICE 크랙 전용액을 사용하면, 그 위에 덧바른 페인트가 서로 잡아당기는 성질이 생겨 틈이 벌어지게 된다. 시간이 지나면 떨어질 수 있으니 식탁이나 선반 등 물건을 자주 올려놓을 경우 투명 코팅제를 칠해주는 것이 좋다.

도구를 사용하는
개성만점 페인팅

스트라이프 무늬

깔끔한 느낌을 주는 스트라이프는 테이프 하나만으로도 좋은 효과를 낼 수 있는 기법이다. 테이프의 두께에 따라 느낌이 확연히 다르며 가구뿐 아니라 벽면에도 특별한 분위기를 낼 수 있다.

경쾌한 **스트라이프 무늬**

❶ 시공할 부분을 #150~220 사포로 밀어 표면을 부드럽게 만든다.

❷ 스트라이프가 어떤 면적에 어떤 기법으로 들어갈지 먼저 생각한다. 일정하게 면을 나누면 정적이면서 안정된 느낌을 줄 수 있고, 굵고 얇게 면적 대비를 주면 동적이면서 활기찬 느낌이 난다. 또한 양쪽 면을 모두 페인팅하여 색상만 바꿔줄 수도 있으며, 한쪽 면은 페인트로 마감하고, 다른 면은 펄이나 레깅 등 다른 기법을 사용해도 색다른 느낌을 낼 수 있다.

❸ 작업할 면을 테이핑한다. 이때 테이프가 휘거나 접히거나 들떠 있으면 깔끔하게 나오지 않으므로 주의해서 작업한다.

❹ 먼저 작업할 면을 초벌 칠한다. 테이프는 페인트가 건조된 후에 제거하면 페인트가 찢어질 수 있으니 바탕을 칠한 후 바로 제거하는 것이 좋다.

❺ 반대편 면을 칠하기 위한 테이핑을 한다. 이때 면에 빈 공간이 생기지 않도록 유의한다.

❻ 글레이즈 작업할 때는 펄을 사용해도 되고, 레깅을 해도 좋다. 기법의 제한은 없다. 펄로 작업하면 페인트와 질감이 달라 스트라이프가 강조되고, 레깅으로 작업할 경우 질감의 차이가 크게 나지 않아 부드럽고 편안한 느낌을 줄 수 있다. 컬러만 바꾸어 페인트로만 작업해도 산뜻하고 깔끔한 느낌을 줄 수 있다.

드레깅 효과

드레깅 도구를 이용해 나뭇결 무늬 등을 인위적으로 만들어 내는 기법으로, 밋밋한 면에 사용하면 좋은 효과를 얻을 수 있다.
콤(Comb)이라는 도구를 사용하는데, 이는 페인트를 일렬로 벗겨내는 작업을 한다.

잔잔한 무늬를 만드는 드레깅 효과

❶ 시공할 부분을 #150~220 사포로 밀어 표면을 부드럽게 만든다.

❷ 원하는 두 가지 색상의 페인트 중 한 가지 색을 선택해 롤러나 붓으로 초벌 칠한다. 1~2시간 정도 충분히 말린 뒤 바탕색을 한 번 더 칠한다. 명암의 차이를 크게 두지 않는 것이 더 자연스럽다.

❸ 나머지 컬러의 페인트와 스컴블(페인팅 건조시간을 지연해주는 제품)이 1 : 2 또는 1 : 3 정도로 섞인 글레이징 페인트를 만들어 붓으로 칠한다. 스컴블이 너무 많으면 드레깅 시 밀려서 느낌이 제대로 안 나올 수 있으니 유의한다.

❹ 3번 과정 직후 콤(무늬를 만드는 도구)을 이용해 페인트를 긁어 낸다. 드레깅은 천천히 하되, 넓고 긴 면적에 사용할 경우 중간에 끊겨서 연결이 어색해지지 않도록 한다. 보통 드레깅은 수직으로 많이 사용하지만 수평, 격자, 커브 등 자유자재로 모양을 만들어 사용할 수도 있다. 드레깅 중간에 도구에 묻은 페인트 찌꺼기를 제거해주어야 문양이 깔끔하게 나올 수 있다.

스폰지 페인팅

─ ─ ─

스폰지 하나만으로도 재미있고 다양한 효과를 낼 수 있다. 특히 해면 스폰지를 사용하면 일반 스폰지보다 텍스처가 더 고급스럽고 재미있게 나온다.

따뜻한 느낌의 **스폰지 페인팅**

❶ 시공할 부분을 #150~220 사포로 밀어 표면을 부드럽게 만든다.

❷ 원하는 두 가지(혹은 그 이상) 색상의 페인트 중 하나를 선택해 롤러나 붓으로 초벌 칠을 한다. 1~2시간 정도 충분히 말린 뒤 바탕색을 한 번 더 칠한다.

❸ 스폰지를 물에 적신 후 꽉 짠다. 페인트와 스컴블을 1 : 1로 섞어 글레이징 페인트를 만들고 롤러 트레이나 플라스틱 그릇에 담는다.

❹ 스폰지에 3번 과정에서 만들어 놓은 글레이징 페인트를 묻혀 가볍게 눌러준다. 스폰지의 방향을 바꾸거나 컬러에 변화를 주며 작업해도 좋다.

❺ 가구나 소품 등 손이 많이 가거나 물건이 올라갈 경우는 코팅을 1~2회 정도 해주는 것이 좋다.

대리석 분위기의 **마블라이징**

❶ 샌드페이퍼로 문질러 매끈해진 표면에 바탕색을 칠한다. 바탕색으로 검은색 아크릴물감을 이용한다. 표면을 더욱 부드럽게 하려면 물감을 칠한 다음 샌드페이퍼로 한 번 더 문질러주고 덧칠하면 된다. 이때는 하루 정도 건조 시간이 필요하다.

❷ 스폰지를 물에 적셔 짠 뒤, 크고 작은 구멍이 생기도록 스폰지를 뜯는다.

❸ 물감을 섞는다. 접시에 동색 계열의 컬러 세 가지를 원형을 그리며 짠다. 그 위에 희석액을 같은 방법으로 넣은 뒤, 접시를 천천히 흔들어 물감이 섞이도록 한다. 이때 주의할 점은 물감들이 완전히 섞이지 않되, 자연스러운 문양이 나오도록 해야 한다.

❹ 앞에서 뜯어낸 스폰지로 접시에 담긴 물감을 살짝 찍어 액자의 테두리에 가볍게 눌러 칠을 시작한다. 한 방향으로 찍기보다는 좌우로 돌려가며 톡톡 두드려준다. 이때 너무 심하게 누르거나 문지르면 안 된다는 걸 명심하자.

❺ 색을 입힌 뒤 물감이 마르면 깃털을 이용해 무늬를 낸다. 무늬를 낼 물감을 접시에 짠 뒤 희석액을 넣고 섞는다.

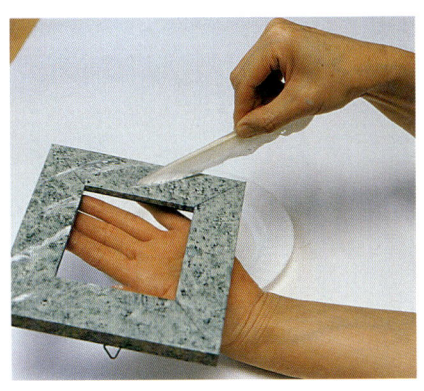

❻ 깃털의 넓은 쪽 끝부분에 물감을 묻힌 뒤 눕혔다 세웠다를 반복하며 지그재그로 무늬를 만든다. 이 작업은 적당한 손놀림이 있어야 자연스러운 연출이 가능하다. 하루 정도 건조시킨 후에는 고광택의 보호용 락카나 니스를 칠한다.

공구 사용법부터 ←--→ 가구 제작까지

목공 DIY

Part 4

DIY 부록

쉽게 따라하는 타일 붙이기
3분 만에 그림 있는 가구 만들기
나만의 작업실 꾸미기

쉽게 따라하는 타일 붙이기

타일 작업 시 갖춰야 할 준비물

타일 본드 벽이나 가구 등의 넓은 면적을 바를 때는 타일 전용 본드를 사용한다.

백시멘트 줄눈 적용 시 작은 소품에는 핸디코트를 사용해도 무방하지만, 균열이 적은 백시멘트가 유용하다.

톱니 헤라, 고무 헤라 톱니 헤라는 백시멘트를 바를 때, 고무 헤라는 줄눈을 정리할 때 사용한다.

위생장갑 또는 고무장갑 백시멘트는 손을 건조하게 하니 반드시 장갑을 끼고 작업하는 것이 좋다.

❶ 타일 붙일 곳을 정하고 면을 깨끗하게 정리한다.

❷ 모자이크 타일을 원하는 크기에 맞게 자른다. 모자이크 타일은 가격이 저렴하고 활용도가 높아 인기가 높다.

❸ 배치를 결정했다면, 타일 본드를 발라준다. 톱니 헤라를 사용하면 본드를 균일하게 도포할 수 있다.

❹ 본드를 균일하게 바른 후 타일을 붙인다. 본드가 타일에 고르게 압착될 수 있도록 타일 곳곳을 누른다.

❺❻ 타일 몇 개를 떼어내고 비어있는 그 물망에 녹색의 포인트 타일을 붙인다. 완전히 부착될 때까지 건조한다.

❼ 백시멘트를 반죽한 후 위생 장갑을 끼고 타일 위에 골고루 바른다. 백시멘트를 타일에 얹어 펴는 작업은 손으로 하는 것이 가장 빠르고 편하다.

❽ 헤라를 세워 줄눈과 동일한 방향으로 사용하면 줄눈이 엉망이 된다. 처음에는 줄눈과 사선 방향으로 쓸어내리다가 어느 정도 균일하게 채워지면 헤라의 경사진 면을 이용해 최대한 각을 낮춰 쓸어내면서 마무리한다.

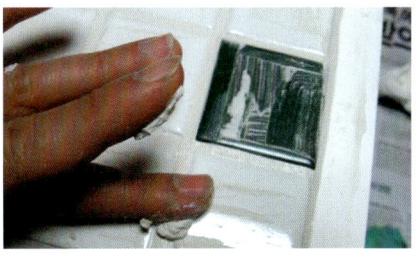
❾ 줄눈 작업 후 30분~1시간 경과 후 표면과 줄눈의 백시멘트를 정리한다. 맨손을 사용하게 되면 피부가 건조해지므로 손에 딱 맞는 위생 장갑을 끼고 닦아내면 된다.

❿ 대충 마무리가 되면 하루 정도 완전히 건조시킨다. 건조 후 젖은 물수건을 이용해 표면의 백시멘트를 닦아주면 되는데, 잘 떨어지지 않는 경우에는 수평 헤라로 살짝 긁으면 된다.

3분만에 그림 있는 가구 만들기

가구 표면에 그림이나 무늬를 그려 넣으면, 훨씬 예술적이고 감각적는 가구로 탄생할 수 있다. 아이 가구에는 총천연색 그림으로 상상력을 자극할 수 있고, 빈티지풍 그림은 오래된 듯 고풍 있는 가구를 만든다. 그러나 막상 이러한 그림 작업은 비전문가에게 어려운 일이다. 이들을 위해 요즘 출시되어 인기를 끌고 있는 것이 뮤럴 시트, 포인트 스티커이다.

뮤럴 시트(종이그림) 붙이기

❶ 가구 표면에 붙은 먼지나 기름기를 잘 닦아내고, 그림을 붙이기에 적당한 위치를 선정한다. 뮤럴시트에는 그림을 잠시 고정시키는 용도의 스티커가 들어 있다.

❷ 부착할 위치를 정했으면, 종이그림을 물에 적실 차례. 시트 자체는 생활 방수 처리가 되어 있기 때문에, 물을 담은 그릇에 띄워 살살 흔들어줘도 좋다.

ADVICE
위치가 마음에 들지 않아 다시 떼어낼 때는, 부착된 그림 위에 물을 충분히 적신 다음 그대로 벗겨내면 된다. 종이그림 이면의 접착제는 화학물질이 없는 순수 친환경 물질이다.

❸ 물기를 한 번 털어주고, 가구에 부착한다. 스펀지나 해먹, 종이타월 등으로 가장자리까지 잘 눌러준다. 우표의 이면과 비슷한 식이다.

더욱 간편한 스티커 붙이기

❶ 이형지를 조심스럽게 뗀다. 사이즈가 크거나 굴곡이 많은 그림일 경우는 이형지를 한 번에 떼어내지 말고, 스티커의 윗부분부터 조금씩 분리한다.

❷ 밀대나 부드러운 헝겊으로 스티커 중심부에서 바깥쪽으로 고르게 밀어주며 붙인다. 위치를 옮길 때는 스티커가 늘어나지 않도록 조심히 떼어내야 한다. 2~3번 정도는 위치 이동이 가능하다.

ADVICE
종이그림이나 스티커를 부착한 가구 표면에 바니쉬를 발라주면, 더욱 완벽한 느낌을 낼 수 있다. 무광이나 유광코팅제를 얇게 2~3번 발라주는 것이 좋다.

나만의 작업실 꾸미기

작업실은 그 공간에서 하는 작업의 종류가 무엇인가에 따라 형태가 결정된다. 그림, 도예, 공예, 공작 등 작업 종류에 따라 도구는 물론 작업대와 작업실의 배치도 상이하게 달라진다. 경우에 따라서는 급수가 필수조건이 될 수도 있지만 아예 필요 없을 수도 있다. 보다 특별한 취미가 있다면 그에 맞춰 시설들을 추가해 설계하면 된다.

가장 보편적으로 만들어지는 작업실은 의자나 책상, 소품 정도 만들 수 있는 공간이라면 충분하다. 작업을 하면서 잠시 앉아 쉴 수 있는 자리를 마련하고 채광과 통풍에 조명까지 갖추면 웬만한 작업실로의 모양은 갖춘 셈이다. 물론 간이 개수대와 화장실이 있으면 더욱 편리하겠고, 겨울철 난로를 둘 수 있는 자리를 마련하는 것도 좋다.

작업실, 어디에 지으면 좋을까

작업실을 만드는 방법은 다양하다. 별채를 이용해 만들 수도 있고 차고를 넓게 만들어 한 부분을 사용할 수도 있으며, 주거 공간에 연결되게 설계할 수도 있다. 별채로 지을 계획이라면 본채와 동떨어진 디자인보다는 가급적이면 본채와 어울리는 스타일로 짓는 것이 중요하다.

위치는 무엇보다 채광이 좋고 환기가 잘 되는 곳이 적당하다. 그러나 작업실 때문에 주거 생활에 방해를 받으면 안 되므로 주택 설계 초기에 작업실 배치도 함께 고려해야 한다.

공간 구성하기에 앞서 규모 결정

작업장을 아파트처럼 ㎡에 따라 미리 정해 놓기는 상당히 어렵다. 본채의 크기에 따른 부수 공간의 개념이 달라질 수 있고, 작업자의 취향과 용도 및 이용 인원에 따라 천차만별의 면적 및 공간 형태가 나올 수 있기 때문이다.

그러므로 작업 공간을 구성하기 전에 작업실의 용도 및 최대이용 인원수 등을 고려한 후 공간의 크기를 결정해야 한다. 그 다음은 작업의 순서를 파악하여 합리적인 시설 배치가 이루어지도록 한다. 특히 목공 작업은 순서가 중요한데, 일반적으로 다음과 같이 작업이 이루어진다.

❶ 결과물이 놓여질 곳의 적정 치수 측정
❷ 디자인
❸ 목재구입 및 재단
❹ 제작
❺ 도색 등의 마감

이러한 순서에 따른 시설 배치를 바탕으로 수납장, 채광, 환기를 위한 창 그리고 조명 등을 구성하게 된다.

작업실 공간 구성의 예

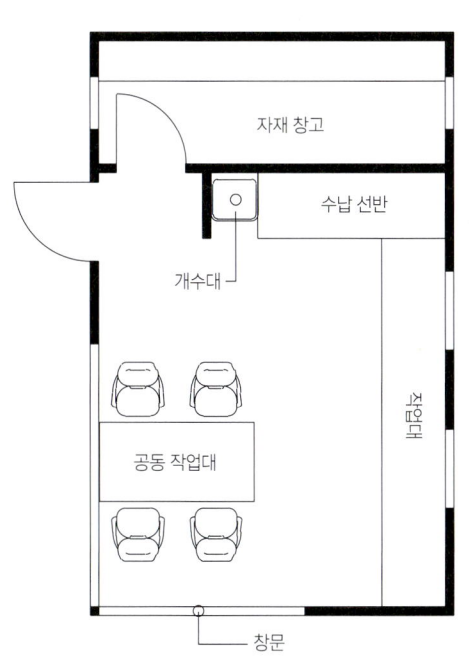
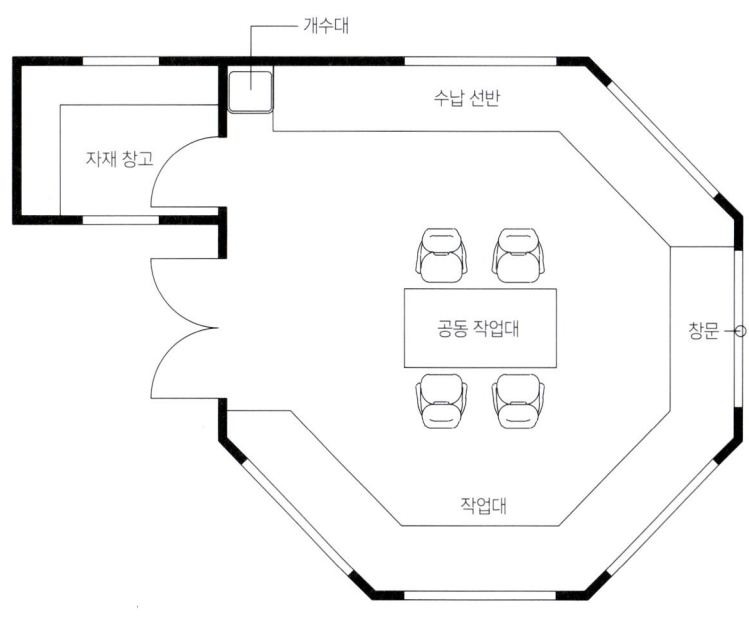

이용 시 필요한 시설 살펴보기

작업실의 주시설로는 자재 보관 창고, 공구함 및 기타 수납장, 공정별 필요 작업대, 개수대 등이 있다. 아울러 화장실과 청소용 바닥집진시설까지 갖추어진다면 더욱 좋다.

바닥집진시설이란 목공 작업시 발생한 톱밥이나 대패밥 등을 손쉽게 처리하기 위해 바닥에 트렌치를 만들고 외부에 연결된 배풍기에 의해 강제적으로 집진시키는 시설이다.

작업 후 바닥 청소의 효율성을 높이고자 바닥 타설시 미리 만들어두는 것으로, 목공 작업이 빈번하거나 작업실 규모가 클 경우에 요긴하게 사용된다.

노출형과 이동식 수납 공간 요구

작업장의 수납 공간은 되도록 환기가 잘 될 수 있도록 노출 선반의 형식을 갖추는 것이 바람직하다. 사용자재에서부터 각종 공구에 이르기까지 대부분 습기에 취약하기 때문이다. 다용도 공간으로 작업실을 사용하기 위해서는 모든 수납장 및 작업대는 고정형보다는 하부에 바퀴를 달아 작업의 종류에 따라 이동, 배치시킬 수 있도록 하는 것이 편리하다. 단, 안전을 위해 바퀴는 고정할 수 있게 만든다.

작업대의 모양도 작업의 종류에 따라 ㄱ형, ㅡ형, ㄷ형, 아일랜드형(섬형) 등으로 달라질 수 있으나 공간을 다양한 용도로 사용하기에는 아일랜드형이 가장 효과적이다. 하부에는 수납장을 만들어 작업 시 필요한 소도구 및 각종 연결 철물 등을 종류별로 정리해두면 작업의 효율을 한층 높일 수 있다.

작업실의 수납장과 작업대 등은 시중에서 판매되는 제품을 구매해도 편리하지만, 작업실 설계 시 수납장도 함께 설치하게 되면 비용도 절감되고 공간 활용도 높일 수 있다.

자연채광과 조명의 적절한 조화

작업실의 조명은 목공 작업 기준으로 약 200lux 정도가 필요하다. 조명은 사용자의 취향에 따라 건물 설계 시 인테리어에 미리 반영해 계획한다면 단순한 조명 효과 이외에도 분위기를 한층 높여주는 유용한 포인트가 된다.

ADVICE 노출형 수납 공간은 필수다. 또한 수납장과 작업대는 이동형으로 만들고, 작업실을 다용도로 사용하기 위해서는 아일랜드형 작업대가 편리하다. 작업실 설계 시 수납장을 함께 설치하면 공간 활용과 비용 절감 효과를 노릴 수 있다.

ADVICE 조명은 약 200lux 정도로 하고, 천창은 필수적으로 설치한다. 마주보는 벽에 측창을 설치하면 환기와 통풍에 효과적이다.

또한, 자연채광의 효과는 작업 효율뿐만 아니라 작업실의 외관 및 환기, 조망과 결부되는 아주 중요한 요소이므로 비용적인 측면을 너무 고려해 작업실을 답답한 창고로 바꾸어 버리는 과오를 범하지 말아야 한다.

작업실에는 무엇보다 천창이 필요하다. 천창은 공간 전체를 균등하게 밝혀주므로 낮에는 자연광만으로도 작업이 가능하게 한다. 원활한 환기와 통풍을 위해 측벽창은 양쪽 측면에 모두 설치하는 것이 좋으며, 조망이 훌륭하다면 조망향으로 더욱 큰 창을 설치하는 것도 좋다.

Index

038p Layette Chest

044p Vintage Blackboard

048p Toy Box

054p Crib

060p Baby Rocking Chair

064p Air-conditioner Box

072p Small-side Table

076p Gallary Partition

080p Single Bed

086p Dressing Table

094p Round Antique Table

100p Hard Consol

110p Mini Wood Ladder

116p Bookcase

120p Standard Chair

126p Corner Desk

134p 3 Drawer Cabinet

140p Tea-cup Shelf

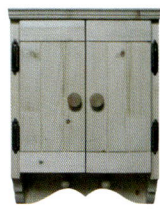
148p Key Box

154p Ladder Plant Shelf

158p Tea Table

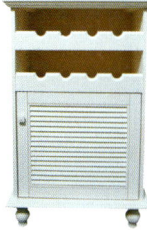
164p Wine Chest

170p Tea Cabinet Table

176p Oriental Console

182p Classic Wine Celler

194p Dish Shelf

200p Rolling Wagon

210p Vegetable Box

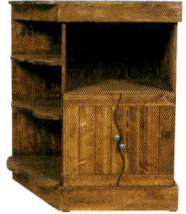
218p Built-in Oven Chest

226p Island Table

Books

우리나라 협소주택
전원속의내집 편집부 지음
총 312면
정가 27,000원

건축주만이 알려줄 수 있는 집짓기 진실
손창완 지음
총 452면 | 정가 23,000원

예산 따라 선택하는 30PY 아파트 인테리어
최미현 지음
총 304면 | 정가 16,000원

노후주택 리모델링
편집부 엮음
총 292면
정가 27,000원

HOUSE OF ARCHITECT 1
편집부 엮음
총 672면
정가 95,000원

상가주택 건축주 바이블
유훈조 지음
총 392면
정가 23,000원

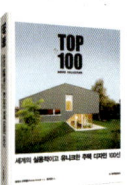

세계의 실용적이고 유니크한 주택 디자인 100선
토마스 드렉셀 지음
총 216면 | 정가 32,000원

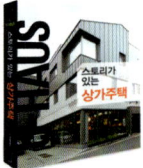

스토리가 있는 상가주택
정승이 지음
총 384면
정가 50,000원

조립식주택이 뭐 어때서?!
황성관 지음
총 312면
정가 16,800원

다가구·다세대·상가주택 MULTI-FAMILY HOUSE
편집부 엮음
총 448면
정가 75,000원

전원주택 설계집 V HOUSE DESIGN
출판부 엮음
총 536면
정가 48,000원

패시브하우스 설계&시공 디테일
홍도영 지음
총 368면
정가 35,000원

전원주택 설계집 V HOME PLAN
김소연, 이동진 지음
총 306면
정가 35,000원

나만의 아지트 주택 짓기
임병훈 지음
총 130면
정가 14,800원

작은 집 워너비 인테리어
김수현 지음
총 272면
정가 15,000원

HOUSE OF ARCHITECT 2
편집부 엮음
총 432면
정가 75,000원

땅을 읽고 집을 짓다
임병훈 지음
총 308면
정가 18,000원

흙집으로 돌아가다
편집부 엮음
총 384면
정가 35,000원

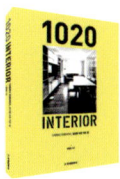

1020 인테리어

김연정 지음
총 320면
정가 16,500원

주택 조경 디자인

출판부 엮음
총 408면
정가 36,000원

세계의 정원 디자인

김원희 엮음
총 420면
정가 38,000원

농가+한옥 리모델링

편집부 엮음
총 424면
정가 32,000원

한국에서 건축가로 살아남기

조성일 지음
총 296면
정가 13,000원

야생화 전통조경

기의호 지음
총 324면
정가 30,000원

패시브하우스 콘서트

배성호 지음
총 300면
정가 18,000원

주택조경 설계집

편집부 엮음
총 288면
정가 60,000원

스몰 웨딩 플라워

황유진 지음
총 224면
정가 14,500원

목조주택 설계&시공 디테일

성경일 지음
총 304면
정가 28,000원

내 몸을 위한 자연식 별미

자운 지음
총 240면
정가 14,800원

테마가 있는 정원 가꾸기 +33

편집부 엮음
총 440면
정가 26,000원

잘 지은 그집

출판부 엮음
총 328면
정가 25,000원

흙집의 진화 담틀집

윤경중 지음
총 304면
정가 23,000원

유럽, 여행 말고 우프!

유영글, 정우정 지음
총 328면
정가 14,800원

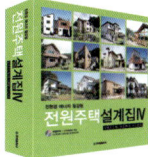

전원주택 설계집 IV

출판부 엮음
총 576면
정가 70,000원

야생화 조경도감 365

기의호 지음
총 752면
정가 34,000원

도시계획+건축인허가 실무노트

신재욱 지음
총 648면
정가 42,000원

㈜주택문화사 홈페이지(www.uujj.co.kr)에서 건축 관련 다양한 단행본을 구매하실 수 있습니다.

초보자를 위한
공구 사용법부터 가구 제작까지
목공 DIY